KB212229

CANDLES IN THE DARK

어둠 속의 촛불들

코로나 시대의 신앙, 희망, 그리고 사랑

CANDLES IN THE DARK

어둠 속의 촛불들

코로나 시대의 신앙, 희망, 그리고 사랑

로완 윌리엄스 지음

김병준 옮김

비아

차례

들어가며 / 7

1. 변화의 시작 / 11

2. 걷힌 막 / 17

3. 함께 견뎌냄 / 23

4. 우리의 시간 / 31

5. 신뢰의 도전 / 37

6. 함께 살아감 / 43

7. 끝과 시작 / 49

8. 묵묵히 함께함 / 55

9. 고요함 가운데 / 63

10. 인간의 운명 / 69

11. 우상과 하느님 / 75

12. 온라인 예배 / 81

13. 조각상의 오만 / 89

14. 제2의 본성 / 97

15. 걷는 묵상 / 103

16. 참된 권력 / 109

17. 우리의 얼굴 / 117

18. 세계와 집 / 125

19. 삶이라는 전례 / 133

20. 주의 변모 / 139

21. 생명의 품 / 147

22. 하느님의 형상 / 155

23. 믿음의 증거 / 161

24. 법과 질서 / 169

25. 과거와 현재 / 177

26. 집단 정신 / 185

나가며 / 193

옮긴이의 말 / 199

일러두기

1. 역자 주석의 경우 * 표시를 해 두었습니다.

2. 성서 표기와 인용은 원칙적으로 『공동번역개정판』(1999)을 따르되 원문과 지나치게
   차이가 날 경우에는 대한성서공회판 『새번역』(2001)을, 이 또한 지나치게 차이가
   날 경우에는 역자가 영어 본문을 한국어로 옮겼음을 밝힙니다.

들어가며

코로나바이러스라는 대역병의 도전에 맞서 많은 지역 교회는 다양한 방식으로 대응하고 있습니다. 예상치 못한 일이지만, 이로써 교회 구성원들은 선교와 교회 생활에 새로이 참여하고 기여할 기회를 얻게 되었습니다. 케임브리지에 있는 작은 교회인 성 클레멘트 성당에서는 주일마다 사제들이 돌아가며 집에서 온라인으로 성찬례를 방송하고, 성찬례 후에는 온라인으로 이야기를 나누는 시간을 가졌습니다. 또한 매일 사회에서 일어나는 일들을 소개하고 기도, 성서 구절, 묵상을 돕는 사진들, 짧은 글을 담은 소식지를 발행했습니다. 소식지에 담은 묵상은 사제단뿐만 아니라 평신도, 그리고 교회와 이런저런 인연을 맺고 있는 사람들이 돌아가며 썼습니다. 모두가 공동체를 유지하고 꾸리는 데 중요한 역할을 담당했습니다. 그렇게 함께 드린 예배, 함께 만든 소식지는 이 위기의 시대에 그리스도교 신앙에 담긴 자산을 알고자 하는 많은 이를 끌어들였습니다.

최근 웨일스로 돌아오기 전, 저는 성 클레멘트 교회 사목을 정기적으로 보좌하는 영예를 누렸습니다. 교회에서 새롭게 시도한 활동들에 매주 참여할 기회를 주심에 깊은 감사를 드립니다. 이 책에 실린 글들은 6개월에 걸쳐 제가 교회 소식지에 쓴 묵상입니다. 책에 실리지는 않았습니다만, 제가 쓴 묵상에 관한 자신의 생각을 나누고, 이에 이은 자신의 묵상을 소식지에 담아 소식지가 유지되는 데 기여한 많은 신자와 사제의 노고가 있습니다. 이분들 모두의 식견과 헌신에 감사드립니다. 그리고 여기 담긴 많은 생각은 성 클레멘트 공동체에서 진행된, 그리고 여전히 진행 중인 대화들에 빚지고 있음을 밝힙니다. 특히 지난 몇 달 동안 성 클레멘트 교회의 예배와 일간 소식지가 나올 수 있도록 몸과 마음을 바친 새라 밴 더 웨이어Sarah van de Weyer, 로버트 밴 더 웨이어Robert van de Weyer 부부와 묵상들이 책으로 묶이기까지 격려해 주신 많은 분께 감사를 전하고 싶습니다.

성 클레멘트 교회는 오랜 성공회 가톨릭 전통을 지닌 교회로 여전히 1662년 성공회 기도서에 담긴 언어를 사용합니다. 이 책에 실린 성서 구절이나 기도문이 때때로 낯설게 느껴진다면 이와 관련이 있습니다. 저에게는 익숙한 신앙 훈련과 표현들이 어떤 독자분들에게는 생경하게 다가갈지도 모르겠습니다. 이런 맥락에 익숙하지 않은 독자분들에게 저 요소들이 방해가 되지 않기를 바랍니다. 저는 매우 전통에 충실한 성 클레멘트 교회의 예배가 다양한 국가, 사회 배경, 연령대의 사람들에게 호소력 있게 다가간다는 사실에 깊은 인상을 받았습니다. 그래서 지역, 지리상 특수한 내용을 제외하고는 이 공동체가 지닌 색깔을 지우려 애써 노력하지 않습니다. 이 묵상들을 건너 듣게 될 독자분들이 각자 자신이 속한 공동체의 맥락에서 내용을 받아들이시기를, 그리고 그렇게 되도록 묵상들이 울림을 줄 수 있기를 바랍니다.

이 글을 쓰는 지금도 코로나 사태는 진행 중입니다. 이 묵상들에 담긴, 지난 몇 달간 우리가 생각하고 기도한 내용은 슬프게도, 역사의 뒤안길로 사라지지 않았습니다. 신앙, 희망 그리고 사랑에 관한 질문은 여전히 우리의 가슴을 아프게 찌릅니다. 이 묵상들이 그리스도교 공동체들이 감당하기 어려운 짐을 지고 해결이 불가능해 보일 정도로 복잡한 선택의 갈림길에서 씨름하고 있는 사회와 세계를 위해, 사회 및 세계와 함께 계속해서 사랑과 신뢰와 힘을 나누는 길을 찾는 데 미약하게나마 보탬이 되기를 바랍니다.

2020년 10월 26일
로완 윌리엄스

그 무엇도 바뀌지 않았습니다.
그러나 모든 것이 바뀌었습니다.
새로운 이야기가 펼쳐지기 시작했습니다.

01

변화의 시작

하느님께서 천사 가브리엘을 갈릴래아 지방의 나자렛 동네로 보내시어, 다윗의 가
문에 속한 요셉이라는 남자와 약혼한 처녀에게 가게 하셨다. 그 처녀의 이름은 마리
아였다. 천사가 안으로 들어가서, 마리아에게 말하였다. "기뻐하여라, 은혜를 입은
자야, 주님께서 그대와 함께하신다." (루가 1:26-28)

어제는 수태고지 축일이었습니다. 인간 예수의 생명이 시작된
날, 나자렛에 사는 한 어린 여성의 몸에 미세한 변화가 일어난 날,
그와 함께 세계 역사의 전환이 시작된 날입니다. 자신이 특별한 운
명을 지니고 있음을 알게 된 다음 날, 마리아는 무슨 생각을 했을까
요? 무엇을 느꼈을까요? 자신을 둘러싼 세상이 몰라보게 달라졌다

고 생각했을까요? 전혀 그렇지 않았을 거라 저는 짐작합니다. 아마도 자기 몸에서 새로운 생명이 자라고 있다는 사실조차 느끼지 못했을 것입니다. 오히려 자신이 임신했다는 소식에 당혹스러워했지 않았을까요. 약혼자는 어떻게 받아들일지부터 세상을 구원할 하느님의 아들을 기른다는 막중한 사명은 또 어떻게 감당할 것인지. 마리아는 불안했을 것입니다.

그 무엇도 바뀌지 않았습니다. 그러나 모든 것이 바뀌었습니다. 새로운 이야기가 펼쳐지기 시작했습니다. 그러나 이 마리아의 몸 깊숙한 곳에서 일어난, 눈에 보이지도 않는 미세한 시작 없이는 성탄, 성 금요일, 부활, 그 어떤 이야기도 일어날 수 없습니다. 더 나아가 말하면, 역사의 모든 사건이 저 하나의 사건으로 이어진다고 볼 수도 있습니다. 유대 민족이 거쳐 온 그 기나긴 과정, 이해할 수 없고 눈에 드러나지도 않은 채 진행되어 온 과정이 마리아가 넓고 열린 마음을 지닌 사람으로 자랄 수 있는 환경을 조성해 주었습니다. 그렇기에 그녀는 하느님께서 주신 약속이 자신의 몸을 통하여 이 현실에서 이루어질 수 있도록 기꺼이 자신을 내어줄 수 있었습니다. 그 모든 과정이 예수가 이 땅에 있을 수 있게 했습니다.

사순절, 참회하기에 더없이 적절한 절기를 보내는 가운데, 우리는 황폐한 세상을 바라보며 기약 없이 변화의 조짐을 찾아 헤매고 있습니다. 우리가 당연하게 여겨 온 그 모든 것이 멈춘 세상에서 우리는 평소에 했던 것처럼 신앙 생활을 하지 못하고 있습니다. 기쁨과 아름다움을 경험하는 가운데 예배를 드릴 수 없고, 전례에 참여할 수도 없습니다. 하느님 나라에 참여하는 이들에게 주어지는 빵과 포도주를 나눌 수도 없습니다. 심지어 함께 모여 노래를 부를 수도 없습니다.

그러나 마리아의 몸 속에서 시작된 이야기, 좀 더 올라가면 하느님께서 아담과 아브라함과 모세를 부르셨을 때부터 시작된 이야기는 이미 우리 안에서 시작되었습니다. 우리는 이미 새로운 현실에 당도했습니다. 우리가 이를 느끼든 그렇지 않든, 우리에게 익숙한 방식으로 이를 포착하든 포착하지 못하든, 그와 무관하게 그리스도의 몸은 우리 몸 안에 있습니다. 그리스도의 몸에 깃든 거룩한 생명이 우리 삶에 살아 있습니다. 비록 지금 우리가 할 수 있는 일이라고는 각기 다른 어딘가에서 인터넷으로 중계되는 성찬례를 지켜보는 일뿐이라 할지라도 우리는 그리스도와 연결되어 있습니다. 우리 안에 있는 그리스도의 몸, 그 몸에 깃든 그리스도의 생명은 변하지 않습니다. 사라지지 않습니다.

언제 다시 자유로이 숨 쉴 수 있을지 모를 다가올 날들을 생각할 때 우리는 잊지 말아야 합니다. 그리고 주님께서 이 위기 너머에 어떤 새로운 계획을 갖고 계시든 간에 우리에게 이를 받아들일 수 있는 기반이 마련되어 있는지 생각해 보아야겠습니다. 서로를 보호하기 위해 취하는 작고 사소한 행동, 이러한 순간에도 호의와 사랑을 주고받을 수 있는 통로를 마련하는 일, 나보다 어렵고 힘든 사람을 돕는 일, 새로운 의사소통 방식을 찾는 일, 더 나아가 우리 사회가 더 공정하고 안전한 사회가 되기 위해서는 어떻게 해야 하는지를 고민하는 일, 그 모든 일이 좀 더 풍요롭고 정직한 미래를 만드는, 보이지 않는 출발점이 될 수 있습니다.

마리아의 몸 안에서 일어난, 보이지 않는 작디작은 변화에서 온 세상을 뒤집어엎을 삶의 이야기를 시작하신 하느님, 그 하느님께서 여전히 작디작은, 눈에 보이지 않는 변화들을 통해 활동하고 계십니다. 우리 한 사람 한 사람 안에서, 우리의 몸과 영 안에서, 하느님이 지금 활동하고 계십니다. 그렇기에 우리 안에서 성탄, 성 금요일, 부활절은 우리가 상상할 수 없는 방식으로 생동할 것입니다.

구름이 걷힌 후 맑은 하늘에서 쏟아지는 빛처럼
예수의 십자가와 부활을 통하여 우리 앞에 펼쳐진 것은
우리의 회복과 온전함을 향한 변함없고 영원한 사랑의 빛입니다.

02

걷힌 막

어둠이 온 땅을 덮어서, 오후 세 시까지 계속되었다.

해는 빛을 잃고, 성전의 휘장은 한가운데가 찢어졌다. (루가 23:44-45)

얼마 전, 다음 날이 쓰레기를 수거하는 날이어서 밤에 쓰레기통을 옮기려 밖으로 나갔다가 너무나도 맑은 밤하늘에 새삼 놀란 적이 있습니다. 달과 별이 분명한 모습을 비치고 있었고 북서쪽에서는 금성이 반짝이고 있었습니다. 코로나 이후 중국에서 대기오염이 얼마나 감소했는지를 보여주는 항공사진이 떠올랐습니다. 그 사진을 보면 하늘이 맑아졌기에 도시와 도로, 지형의 모습이 좀 더 선명하게 드러남을 알 수 있습니다.

물론 대기오염이 감소하는 현상과 얼마 전 본 케임브리지의 맑은 밤하늘 사이에 깊은 연관이 있을 리는 없습니다(BBC 웹사이트를 보면 이곳 케임브리지의 대기오염도 감소하고 있음을 알 수 있지만 말이지요). 여러분도 휴가 중에 해변에서, 아니면 언덕 위에서 맑은 밤하늘을 본 기억이 있지 않은지요. 바쁜 일상 때문이든, 아니면 도시와 늘 함께 하는 공해 때문이든 우리는 밤하늘을 잘 올려다보지 않습니다. 어쩌면 그래서 저 맑은 밤하늘이 우리가 얼마나 많은 것을 놓치고 있는지를 일깨워주는지도 모르겠습니다.

어느 순간 먼지와 안개, 시야를 어지럽히던 모든 막이 걷히고 모든 사물의 윤곽이 뚜렷하게 보일 때가 있습니다. 밤하늘뿐만 아니라 땅 위에서도 마찬가지입니다. 사람들로 붐비던 거리가 한적해진 이때, 늘 오가는 케임브리지의 거리조차 새로운 풍경, 새로운 시야, 새로운 건물, 전에는 미처 보지 못했던, 혹은 본 적 없던 새로운 지점을 드러내는 듯합니다. 얼마 전에 저는 길을 지나다 지저스 그린 공원에서 달리기를 하던 한 학생이 달리기를 멈추고 화사하게 핀 꽃을 핸드폰 카메라에 담는 모습을 보며 흐뭇해한 적이 있습니다.

걷힌 막. 사순절과 고난주간이 담은 모습은 이것입니다. 우리 안에 머물러 있던 이기심과 나태함이라는 안개를 상쾌한 바람이 불어와 몰아내도록, 그리하여 우리의 정신과 영의 모습이 좀 더 선명하게 드러나도록 힘쓰는 것입니다. 그 모습이 언제나 아름답기 때문이 아닙니다. 그 모습이 누군가 멈춰서 사진을 찍고 싶어 하는 꽃처럼 아름다운 경우는 많지 않습니다. 하지만 우리 내면 깊숙한 곳에 있는 우리 자신의 모습, 하느님을 향한 깊은 갈망, 그리고 하느님으로부터 등 돌리고 싶어 하는 뿌리 깊은 저항, 그 가운데 신음하는 희망과 사랑을 발견할 수 있는 유일한 길은 그 길밖에 없습니다. 성령의 바람이 불어 우리가 우리 자신을 바라보는 그 뿌연 안개와도 같은 익애溺愛의 시선이 걷힐 때 우리는 비로소 우리 자신의 모습을 바로 볼 수 있습니다.

사순절과 고난주간은 우리 자신의 모습을 보다 선명하게 보기 위한 시간입니다. 동시에 우리가 우리 자신을 바라보던 그 익애의 시선에서 갈라져 나와, 진정한 우리 자신의 모습을 찾아 내면으로 함께 들어가는 시간이기도 합니다. 바로 이 지점에서 고난주간에 담긴 진리는 우리를 더 깊은 곳으로 인도합니다.

하늘이 보입니다. 막이 갈라졌습니다. 이와 관련해 사도 바울은 고린토인들에게 보낸 둘째 편지에서 탁월한 이야기를 남겼습니다.

사람이 주님께로 돌아서면, 그 막은 벗겨집니다. 주님은 영이십니다. 주님의 영이 계신 곳에는 자유가 있습니다. 우리는 모두 막을 벗어버리고, 주님의 영광을 바라봅니다. 이렇게 해서, 우리는 주님과 같은 모습으로 변화하여, 점점 더 큰 영광에 이르게 됩니다. 이것은 영이신

주님께서 하시는 일입니다. (2고린 3:16~18)

우리 자신의 얼굴을 덮고 있던 막뿐만 아니라, 우리가 하느님에 대하여 가지고 있던 우리의 환상이라는 막도 갈라졌습니다. 우리를 때로는 두려워 떨게 하고 때로는 안주하게 하던, 하느님을 둘러싼 안개와도 같은 우리 자신의 환상과 투사라는 막이 걷혔습니다. 구름이 걷힌 후 맑은 하늘에서 쏟아지는 빛처럼 예수의 십자가와 부활을 통하여 우리 앞에 펼쳐진 것은 우리의 회복과 온전함을 향한 변함없고 영원한 사랑의 빛입니다. 케임브리지의 맑은 밤하늘에서 선명히 드러난 아름다운 달과 별, 금성처럼 이 빛이 우리를 비추고 있습니다.

그분의 사랑은 흔들리지 않습니다. 돌아서지도 않습니다.
우리는 이를 알고 있습니다. 예수께서 시도 때도 없이
얼마나 당신이 우리를 사랑하는지 말씀해주시기 때문이
아닙니다. 그분은 그저 우리를 위해, 우리와 함께 계십니다.
늘 우리가 있는 자리에 머물러 계십니다.

03

함께 견뎌냄

이제는 인자가 영광을 받았고, 하느님께서도 인자로 말미암아 영광을 받으셨다. 하느님께서 인자로 말미암아 영광을 받으셨으면, 하느님께서도 몸소 인자를 영광되게 하실 것이다. 이제 곧 그렇게 하실 것이다. 어린 자녀들아, 아직 잠시 동안은 내가 너희와 함께 있겠다. 그러나 너희가 나를 찾을 것이다. 내가 일찍이 유대 사람들에게 "내가 가는 곳에 너희는 올 수 없다"하고 말한 것과 같이, 지금 나는 너희에게도 말하여 둔다. 이제 나는 너희에게 새 계명을 준다. 서로 사랑하여라. 내가 너희를 사랑한 것 같이, 너희도 서로 사랑하여라. 너희가 서로 사랑하면, 모든 사람이 그것으로써 너희가 내 제자인 줄을 알게 될 것이다. (요한13:31~35)

언젠가 시인 W. H. 오든W.H.Auden은 썼습니다.

"당신을 영원히 사랑할 겁니다"라고 말하기는 쉽다.

하지만 "당신을 다음 주 목요일 4시 15분에 사랑할 겁니다"라고
말하기는 어렵다.

시시각각 변하는 기분과 상황에 따라 우리의 감정은 요동치곤 합니다. 때로는 진이 빠지기도 하지요. 어떻게 해야 그러한 와중에도 우리는 매 순간, 진실로 사랑할 수 있을까요?

성 목요일Maundy Thursday은 예수의 명령, '만다툼'mandatum("내가 너희를 사랑한 것 같이, 너희도 서로 사랑하여라"(요한 13:34))을 기억하는 날입니다. "내가 너희를 사랑한 것 같이", 이 명령의 열쇠는 바로 저 말에 있는지 모르겠습니다. 복음 이야기는 예수께서 우리를 "끝까지" 사랑하신다고 말합니다. 그분의 사랑은 흔들리지 않습니다. 돌아서지도 않습니다. 우리는 이를 알고 있습니다. 예수께서 시도 때도 없이 얼마나 당신이 우리를 사랑하는지 말씀해주시기 때문이 아닙니다. 그분은 그저 우리를 위해, 우리와 함께 계십니다. 늘 우리가 있는 자리에 머물러 계십니다. 친구들이 자신을 버리고 도망가도 그분은 그들을 버리지 않으십니다. 잊지도 않으십니다. 십자가 위에서 사랑하는 제자를 향해 예수께서 하신 말씀을 떠올려 보십시오.

예수께서는 자기 어머니와 그 곁에 서 있는 사랑하는 제자를 보시고,

어머니에게 "어머니, 이 사람이 어머니의 아들입니다" 하고 말씀하시고, 그다음에 제자에게는 "자, 이분이 네 어머니시다" 하고 말씀하셨다. (요한 19:26~27)

그분은 마리아 옆에 있던 제자를 향해 "이분이 네 어머니시다"라고 말씀하심으로써, 그리고 마리아를 향해 제자가 이제 당신의 아들이라고 말씀하심으로써 그를 당신의 가족으로 받아들이십니다. 어떤 면에서 부활 이야기는 예수께서 당신이 사랑하는 이들을 떠나지 않음을, 그들과의 관계를 절대 바꾸지 않음을 전하는 이야기입니다.

그러므로 사랑이라는 새로운 계명에 순종하는 일은 견디며 머무르는 일에 다름 아닙니다. 하느님께서 우리에게 주신 사람들, 우리를 키워주고 우리가 키워야 할 사람들, 우리를 응원하는 동시에 우리가 응원하는 사람들, 우리에게 도전하는 동시에 우리가 도전하는 사람들과 함께 견디는 동시에, 때로는 그들을 견디며 그들 곁에 머물러야 합니다.

코로나 시대에 견디며 머물라는 명령은 더 의미심장하게 다가옵니다. 누군가는 이 명령을 어이없는 말로 여길지 모릅니다. 누군가는 쓴웃음을 지을지도 모르겠습니다. 하지만 우리가 궁극적으로 사랑을 배신하는 이유는 누군가에게 적의를 품거나 그에 대한 인내심이 바닥나서가 아닙니다. 우리가 사랑을 배신하는 진짜 이유는 실제 곁에 있는 사람들, 지금 우리 눈앞에 있는 사람들과 현실이 아닌 다른 사람들, 다른 현실을 갈망하기 때문입니다. 좀 더 편한 현실, 좀 더 무언가 해볼 만한 현실을 달라고, 곁에 있는 이 사람들이 아닌, 조금 더 사랑할 마음이 들 만한 사람들을 달라고 하느님께 구할 때 우리는 사랑을 배신하게 됩니다.

세상을 좀 더 나은 곳으로 바꾸려고 해서는 안 된다는 이야기가 아닙니다. 불의와 폭력, 부조리한 상황을 참거나 타협하라는 말도 아닙니다. 다만 우리는 모든 것이 훨씬 더 간단하고 단순한 세상을 꿈꾸는 데서가 아니라, 언제나 눈앞에 있는 복잡한 세상과 마주하는 데서, 그 세상에 참여하는 데서 모든 일을 시작해야 한다는 뜻입니다. 마태오 복음서 마지막 장에서 예수께서는 말씀하십니다.

> 나는 하늘과 땅의 모든 권세를 받았다. 그러므로 너희는 가서, 모든 민족을 제자로 삼아서, 아버지와 아들과 성령의 이름으로 세례를 주고, 내가 너희에게 명령한 모든 것을 그들에게 가르쳐 지키게 하여라. 보아라, 내가 세상 끝날까지 항상 너희와 함께 있을 것이다.
>
> (마태 28:18~20)

그분은 "세상 끝날까지" 언제나 우리와 함께 계시겠다고 약속하셨습니다. 죽음에서 부활하심으로써, 성령을 통해 당신의 생명을 우리에게 주심으로써 이를 보여주십니다. 교회 생활을 하는 동안 우리는 그 징표를 반복해 받습니다. 바로 성찬례Holy Eucharist입니다. 성령 안에서 우리는 함께 모이고 기도합니다. 예수의 생명은 바로 그곳에 있습니다. 우리 안에, 그리고 모든 피조물에 깃든 은총의 상징, 그리스도를 통해 화해에 이르고 새롭게 거듭난 피조 세계를 가리키는 징표인 빵과 포도주 안에 있습니다. 빵과 포도주를 먹고 마시며 우리는 자랍니다.

'보통 때'라면, 성 목요일에는 성체를 수난 감실에 모십니다. 우리는 그 성체를 바라봅니다. 예수와 함께 머물러 그분의 고난에 동참합니다. 예수께서 죽음을 맞이하시고 부활하시는 동안 성부 하느님을 향한 영원한 기도를 이어가며 언제나 우리와 함께 계시듯 말입니다. 감실에 있는 성체는 교회의 한가운데 그리스도께서 흔들리지 않고 변함없이 계심을 강렬하게 증언합니다. 그분은 우리를 떠나지 않으십니다. 성사를 통해 그분은 우리를 감사와 찬미로 인도하십니다.

코로나바이러스가 창궐하는 이 대역병의 시대에, 우리는 평상시처럼 성체를 직접 접할 수 없습니다. 그럼에도 불구하고 우리는 그분이 우리와 함께하심을 받아들이라는, 그분을 경배하라는 특별한 부름을 받았습니다. 이곳에도 그분은 우리와 함께 계십니다. 우리의 가정에, 우리의 마음에 계십니다. 그리스도의 몸이 있는 곳이라면 어디든 그분은 머물러 계십니다. 그렇게, 그분은 그침 없이 우리 곁에 계심으로써 신실한 사랑의 삶, 동행하는 삶으로 우리를 부르십니다. 모든 수단과 방법을 동원해 이웃과 함께하라고 요구하십니다. "내가 너희를 사랑한 것 같이, 너희도 서로 사랑하여라"라고 말씀하십니다. 성령께서 우리가 성찬례에 담긴 사랑을 가리키는 징표가 되도록 힘을 주시기를 기도합시다. 그리하여 하느님께서 우리를 아끼시고, 보살피시고, 동행하고 계심을 온 세상이 알 수 있도록.

"모든 시간은 그분의 것입니다". 매 순간, 모든 만남마다,
우리가 그 시간을 지겨워하든, 분노에 휩싸이든,
불안으로 점철되든, 그 모든 시간에 예수께서는 우리와
함께 계십니다. 우리에게 자신을 내어주십니다.

04

우리의 시간

주님은 대대로 우리의 거처이셨습니다. 산들이 생기기 전에,

땅과 세계가 생기기 전에, 영원부터 영원까지, 주님은 하느님이십니다. (시편 90:1~2)

시간을 허비하고 있다고 느낄 법한 상황이 이어지고 있습니다. 이전에 꽉 찬 하루, 스트레스를 받는 일정에 익숙해진 이들이라면 새로운 리듬에 적응하기가 힘들지도 모르겠습니다. 어떤 때는 온라인을 통해 바쁘게 일하다가도 어떤 때는 특별한 일없이 시간을 보내는 게 쉽지 않을 법도 합니다.

좀 더 심각한 상황에 있는 사람들도 있습니다. 가까운 미래에 지금 속한 직장에서 계속 일할 수 있을지가 불확실한 이들, 지금은 휴

직 또는 휴가 중에 있지만 세상이 조금씩 코로나 시국에서 벗어날 무렵 닥칠지 모를 해고라는 위협을 감지하고 있는, 그러면서도 별다른 방도 없이 뚜렷한 대책도 세우지 못한 채 마냥 기다려야 하는 이들이 있습니다.

이러한 불확실함, 불안함이 만들어내는 고통은 적지 않을 뿐 아니라 점점 더 빠르게 퍼져나가고 있습니다. 물론 현재 정부와 고용주 모두가 그 어느 때보다 좀 더 튼튼한 사회적 안전망을 세우기 위해 분투한다는 사실은 반갑고 고마운 일입니다. 하지만 불안정한 상황에서 나오는 고통은 현실이며 손쉽게 해소되지 않습니다.

이러한 시국에 우리는 어떻게 하루하루를 흔들리지 않고 살아갈 수 있을까요? 어떻게 하면 우리 자신을 단단히 붙들어 맬 수 있을까요? 소중한 시간이 손가락 사이로 속절없이 사라져가고 있다는 좌절감과 두려움을, 어떻게 해야 우리는 마주하고 감당할 수 있을까요?

부활절이 선포하는 메시지 중 하나는 예수의 부활이 항상 변화하고 시간에 따라 흘러가는 세상을 완전히 새로운 세상으로 다시 빚어냈다는 것입니다. 부활절에 우리가 "예수께서 부활하셨습니다"Jesus is risen라고 말할 때 이 말은 과거형이 아니라 현재형입니다. "예수께서 부활하셨습니다", 우리는 이 말을 통해 그분이 결코 과거에 종속되지 않음을, 그분의 삶, 생명은 결코 끝나지 않음을 선언합니다.

성찬은 무덤 앞에 조화를 놓는 행위가 아니라 지금 살아계시는 분과 만나는 활동입니다. 그분의 삶이 시간에 매이지 않는다면 당연히 공간에도 매이지 않습니다. 신약성서의 부활 이야기들은 이 점을 계속해서 가리킵니다. 제자들은 부활한 예수를 만날 때 당황합니다. 예기치 않은 곳에 나타나시기 때문입니다.

이 부활 증언이 참이라면 부활 밤 빛의 예식에서 부활초를 축복하며 드리는 기도문에 적혀있듯 "모든 시간은 그분의 것입니다". 매 순간, 모든 만남마다, 우리가 그 시간을 지겨워하든, 분노에 휩싸이든, 불안으로 점철되든, 그 모든 시간에 예수께서는 우리와 함께 계십니다. 우리에게 자신을 내어주십니다. 매 순간, 그분은 우리에게 오셔서 말씀하십니다.

지금 이 순간은 의미가 있단다. 이 순간에도 인간으로서 너는 조금 더 성장할 수 있어. 물론 움츠러들 수도 있지. 괜찮아. 어떠하든 나는 너를 사랑한단다. 지금 이 순간에도 너를 삶으로, 생명으로 초대한단다. 네가 통제할 수 없는 상황에 있다고 해서 낙담하거나 두려워하지 말아라. 너는 내게 소중한 사람이란다. 그리고 너는 나에게 속해 있단다. 진실로 너답게 살아가는 데 필요한 것이 무엇인지, 아름답고 가치 있게 살아가는 데 필요한 것이 무엇인지 내가 알지. 그리고 이를 기꺼이 너에게 주고 말고.

그리스도교 신앙이란 바로 이를 믿는 것입니다. 이것이 신앙이 우리에게 던지는 도전입니다. 모든 일이 잘 돌아갈 때, 삶이 의미 있다고 느낄 때뿐만 아니라 의미 없다고 느낄 때, 모든 일이 잘 돌아가지 않을 때, 춥고, 어둡고, 앞날마저 불투명할 때, 이 말씀을 신뢰하는 것입니다. 그것이 신앙입니다. "모든 시간이 그분의 것입니다."

우리가 어느 곳에 있든, 어떠한 시간을 보내고 있든 우리의 삶에 '무의미'한 순간이란 없습니다. 삶에 '허비'란 없습니다. 살아계신 예수께서 그 모든 순간, 모든 곳에 우리와 함께하시며, 활동하시기 때문입니다.

그렇더라도 고통과 불안은 여전히 남습니다. 신앙은 고통과 불안을 없애는 것이 아니라 매 순간이 창조하시고 치유하시는 하느님의 활동에 기초하고 있음을, 모든 시간이 그분에게 속해 있음을 받아들이는 것입니다. 지금 이 순간 우리가 할 수 있는 일은 그저 이를 악물고 예수 그리스도를 통해 하느님께서 우리와 세상 끝날까지 함께하신다고 약속하셨음을 마음에 새기는 것뿐인지도 모릅니다. 하지만 이를 진실로 마음에 새긴다면, 우리는 시간이 의미 있게 되기 위해서는 우리가 무언가를 생산해내야 한다는 생각, 시간을 내가 뜻한 바대로 꽉 채워야 한다는 생각에서 조금씩 벗어나게 될 것입니다.

이 시기를 거치며 우리는 우리가 살아가는 시간이 우리와 함께 살아가고 계시는 창조주, 우리를 사랑하시는 하느님께 속한 것임을 깨닫고 있습니다. 시간의 의미는 그분의 끝없는 함께하심, 그분의 그침 없는 내어주심, 그분의 초대, 그리고 환대에 있습니다. 우리의 시간은 그분의 손에 달려있습니다. 부활의 빛이 우리의 모든 역사를 감싸고 있습니다.

자기보다 더 큰, 더 높은 무언가를 보고 지향하는 이,
동시에 자신이 언제든 실패할 수 있음을 알고
받아들일 수 있는 이, 이러한 판단에 움츠러들지 않고
위험을 감수하고서라도 자신을 둘러싼 현실에 사랑과
주의를 기울이는 이, 이러한 사람을 우리는 신뢰합니다.

05

신뢰의 도전

예수께서 와서 그들 가운데로 들어서서서 "너희에게 평화가 있기를!" 하고 인사말

을 하셨다. 그리고 나서 도마에게 말씀하셨다. "네 손가락을 이리 내밀어서 내 손을

만져 보고, 네 손을 내 옆구리에 넣어 보아라. 그래서 의심을 떨쳐버리고 믿음을 가

져라." (요한 20:26~27)

오늘날 위기에서 비롯된, 아직 전면에 드러나지는 않았으나 대단

히 우려되는 점은 이미 10년 넘게 진행되어 온 정부에 대한 불신과

냉소가 점점 더 깊어지고 걷잡을 수 없이 퍼져나가고 있다는 것입니

다. 이러한 흐름은 현재 진행 중인 위기와 맞물려 악순환을 만들어

내고 있습니다. 그리고 그 파장은 실로 파괴적입니다. 우리는 정치

인이 어떤 말을 하든 이를 신뢰하지 않습니다. 진실함과 투명함에 대한 우리의 기대는 곤두박질쳤습니다.

그럴만한 것이, 자신의 자리와 자신의 명성에 과도하게 집착하고 불안해하는 이는 신뢰하기 어렵습니다. 오늘날 지도자들과 고위 관료들은 '이게 내 신상에 어떤 영향을 줄까?'라는 물음에만 관심을 기울이는 것처럼 보입니다. 그들의 눈은 사태의 진실을 향하지 않습니다. 자신들에게 책임을 맡긴, 같은 살을 지닌, 같은 피가 흐르는 이들의 고통을 보지 않습니다. 그들의 눈은 언제나 자신만을 향합니다. 끊임없이 남들의 인정을 갈구하는 이들의 판단과 전망을 안심하며 받아들이기란 어려운 일입니다. 역설적이지만, "제가 잘못했습니다"라고 말할 수 있는 이들이 더 신뢰가 가는 법입니다. 위험을 감수하며 어떤 일을 했는데 그 일이 잘 안되었다고, 자신의 판단이 틀렸다고 인정하기 위해서는 용기와 힘이 필요하기 때문이지요.

복음서는 부활한 예수와 제자들 사이에 일어난 다양한 만남을 전합니다. 그중 가장 흥미로운 이야기는 의심하는 도마에 관한 이야기입니다.

열두 제자 가운데 하나로서 쌍둥이라고 불리는 도마는, 예수께서 오셨을 때에 그들과 함께 있지 않았다. 다른 제자들이 그에게 "우리는 주님을 보았소" 하고 말하였으나, 도마는 그들에게 "나는 내 눈으로 그의 손에 있는 못자국을 보고, 내 손가락을 그 못자국에 넣어 보고, 또 내 손을 그의 옆구리에 넣어 보지 않고서는 믿지 못하겠소!" 하고 말하였다. 여드레 뒤에 제자들이 다시 집 안에 모여 있었는데 도마도 함께 있었다. 문이 잠겨 있었으나, 예수께서 와서 그들 가운데로 들어서서 "너희에게 평화가 있기를!" 하고 인사말을 하셨다. 그리고 나서 도마에게 말씀하셨다. "네 손가락을 이리 내밀어서 내 손을 만져 보고, 네 손을 내 옆구리에 넣어 보아라. 그래서 의심을 떨쳐버리고 믿음을 가져라." 도마가 예수께 대답하기를 "나의 주님, 나의 하느님!" 하니, 예수께서 도마에게 말씀하셨다. "너는 나를 보았기 때문에 믿느냐? 나를 보지 않고도 믿는 사람은 복이 있다." (요한 20:24~28)

이 이야기에서 도마는 예수께서 부활하셨다는 동료들의 말을 '신뢰'하지 않습니다. 오히려 서로를 위로하려는 나머지 상상과 현실을 분간하지 못해 만들어낸 이야기가 아니냐며 의심하지요. 따지고 보면, 예수께서 체포당하셨을 때 제자들이 공포와 혼란에 사로잡혀 도망갔다는 사실을 도마는 누구보다 잘 알고 있었습니다.

그런 도마에게 예수께서 나타나십니다. 그리고 의심을 떨쳐버리고 믿음을 가지라고 말씀하십니다. 무엇을 믿기 위해서 모든 것을 다 눈으로 볼 필요는 없다고, 모든 것을 속속들이 보지 않고도 신뢰하는 사람이 "복이 있다"고 말씀하십니다. 여기서 "복이 있다"는 진리와 일치한다, 또는 하느님과 올바른 관계를 맺고 있다는 뜻입니다. 예수께서는 도마에게, 그리고 우리에게 이런 말씀을 하시려는 것이 아닐까 싶습니다. 우리는 서로 신뢰하는 법을 익혀야 한다고, 부활이 사람들에게 믿을만한, 신뢰할만한 사건이 되려면 부활을 증언하는 이들이 '신뢰'할만한 이들, 자기 자신의 신상과 지위, 안녕에 사로잡혀 있지 않은 이들이어야 한다고 말이지요. 물론 그리스도인도 조바심을 느낍니다. 그리스도인도 불안에 빠집니다. 하지만 그리스도인은 그 조바심과 불안을 하느님께서 주시는 기쁨과 약속에 대한 강력한 신뢰, 무모할 정도로 강한 희망으로 극복해냅니다. 그런 기쁨과 약속에 사로잡힌 이들을 보며 사람들은 부활을 믿기 시작했습니다. 단단한 논증과 주장이 사람들을 그리스도인 되게 하지 않습니다. 기쁨에 사로잡힌 이들, "예기치 못한 기쁨"을 누리며 살아가는 이들을 바라볼 때 사람은 그리스도인의 길로 들어섭니다. 어쩌면 도마는 이를 두고 씨름했는지도 모르겠습니다. 부활 아침이 지나고 일주일이 채 되지 않아 친구들, 동료들이 과거에 사로잡혀 있던 불안과 경쟁심, 서로를 향한 질시에 다시금 빠져드는 모습을 그는 보았던 게 아닐까요. 예기치 못한 기쁨을 금방 잊어버린 그들을 보며 도마는 그들을 신뢰할 수 없다고 판단했던 것이 아닐까요. 그런 그에게 예수께서는 이렇게 말씀하셨는지도 모르겠습니다.

그래, 네가 본 게 맞아. 너의 친구들, 나의 친구들이 하루아침에 완전히 변할 수는 없는 법이지. 그렇더라도 냉소주의에 굴복해서는 안 된단다. 너처럼 이들도 연약한 사람이지 않니. 때로는 실수하고 때로는 진실로부터 도망치지. 하지만 다시 한번 보려무나. 여전히 서로 함께, 너와 함께 여기에 있지 않니. 여전히 너의 친구들은 서로에게 헌신하며, 서로에게 신실하고 서로를 신뢰한다면 함께 자라고 변화할 수 있다는 희망 가운데 살고 있단다. 이제 너도 이 연약한 이들의 공동체를 위해 네 힘을 보태는 위험을 감수할지를 선택해야 한다. 너의 친구들, 그리고 네가 발견한 이 기쁨, 이 소식을 다른 이들도 신뢰하도록 네가 할 수 있는 일을 감내해야 할지를 선택해야 해.

이는 우리에게도 해당하는 말씀입니다. 자기보다 더 큰, 더 높은 무언가를 보고 지향하는 이, 동시에 자신이 언제든 실패할 수 있음을 알고 받아들일 수 있는 이, 이러한 판단에 움츠러들지 않고 위험을 감수하고서라도 자신을 둘러싼 현실에 주의를 기울이고 사랑하는 이, 이러한 사람을 우리는 신뢰합니다. 그런 이들이 공적 영역에서 좀 더 많아질 때 오늘날 만연한 냉소의 흐름은 바뀔 것입니다. 우리 한 사람 한 사람이 그러한 신뢰할 만한 사람이 되는 일, 이를 배우고 익혀나가는 것이 오늘날 주님께서 인도하시는 길이 아닐까 생각합니다.

한 사람이 다른 사람과 관계를 맺을 때만 비로소
자신의 정체성을 지닐 수 있듯, 인류는 살아 있는 세계의
나머지 구성원들과의 관계를 맺을 때만
진정한 인류로서 정체성을 지닐 수 있습니다.

06

함께 살아감

주 하느님이 들의 모든 짐승과 공중의 모든 새를 흙으로 빚어서 만드시고, 그 사람

에게로 이끌고 오셔서, 그 사람이 그것들을 무엇이라고 하는지를 보셨다. 그 사람이

살아 있는 동물 하나하나를 이르는 것이 그대로 동물들의 이름이 되었다. (창세 2.19)

코로나 사태에서 비롯된 결과 중 하나로 야생동물이 서식지로 돌아오거나 영역을 대담하게 확장하고 있다는 소식이 들립니다. 베네치아 운하에는 돌고래가 출현했다고 합니다. 좀 더 가깝게는 제가 사는 모들린 칼리지 학장 사택에 청딱따구리가 출몰하기 시작했고요. 교회 마당에 찾아오는 새들의 수도 부쩍 늘었습니다. 이렇게 많은 새의 지저귐을 들은 건 수년 만이라고 많은 이가 말합니다.

이는 그저 감탄하거나 즐기는 것으로 그칠 일이 아닙니다. 널리 알려진 캐나다 시인 잔 즈위키Jan Zwicky는 몇 년 전 현대 인류의 외로움에 관해 쓴 적이 있습니다. 그녀는 오늘날 인류는 자신들과 같은 세상에서 함께 살아가는 수많은 동물과 식물을 해치워버리면서 동시에 다른 생명체와 함께 사는 삶에 대한 '향수'와 그리움을 느낀다고, 하지만 이러한 사실을 인정하지 않는 것이야말로 현대의 질병이라고 말했습니다.

일리 있는 말입니다. 성서 이야기도 다양한 생명체로 가득한 동산에서 시작됩니다. 아담이 처음 맡은 일은 동물들에게 이름을 지어주는 것이었습니다. 동물을 함께 살아가는 존재, 한 세상을 살아가는 동반자로 여긴 것이지요. 히브리 성서, 특히 시편과 여러 지혜 문학들은 생명의 다양성과 풍성함을 기뻐합니다. 욥기에서 하느님은 타조부터 하마, 바다 괴물들을 언급하며 욥에게, 그리고 우리에게 창조세계에서 인간의 위상이 독특할지언정 이 세상을 우리 입맛에 맞게, 우리 편한 대로 길들일 수 없음을 상기시켜 주십니다. 창조주인 하느님을 우리 입맛에 맞게, 우리 편한 대로 길들일 수 없듯 말이지요.

오케스트라에서는 제1 바이올린 주자가 매우 중요한 역할을 맡고 있습니다. 그러나 제1 바이올린 주자가 혼자만 연주한다면, 혹은 다른 단원들이 연주하는 음악은 아랑곳하지 않고 그와 전혀 무관한 음악을 연주하고 있다면 보기에도 이상할 테고 음악 또한 대단히 이상하게 들릴 것입니다. 오늘날 문화가 그렇습니다. 우리는 종종 이 세상을 우리의 욕망과 관심을 펼칠 배경 정도로만 여기고 우리만의 음악을 연주합니다. 이러한 상황이 이어진다면, 오케스트라의 많은 단원이 자취를 감출 것입니다. 우리의 탐욕과 무관심으로 인해 파괴되어 침몰하는 타이타닉호에서 우리는 홀로 쓸쓸히 연주를 하게 될지 모릅니다.

이러한 맥락에서 동물을 돌보는 활동이 다양한 정신적 상처나 정서 장애를 지닌 이들을 치유할 때 큰 효과를 발휘한다는 사실은 그리 놀라운 일이 아닙니다. 제가 오랫동안 관계를 맺은 한 자선단체가 있습니다. 웨일스 남부에 있는 이 단체에서는 소년원에서 출소한 소년범들을 돕는 일을 합니다. 단체가 진행하는 프로그램에는 소년범들이 농장에 가 그곳에서 말과 소, 돼지 키우는 법을 배우는 것이 포함되어 있습니다. 그 효과는 놀랍습니다. 갈 곳 없이 방황하던 청소년들, 다른 사람들과 관계 맺는 법도 모른 채 살아온 젊은이들은 동물들을 돌보며 자신의 상처를 치유 받고 다른 사람들과 관계 맺는 법을 익힙니다.

우리 인간은 다양한 생명체가 있는 풍요로운 자연에서 하느님을 만나고 그분을 섬기도록 창조되었습니다. 인간들로만 둘러싸여 있지 않을 때, 인공의 환경과 인공의 자극, 최면에 갇혀 있지 않을 때 인간은 비로소 인간으로 설 수 있습니다. 우리 인간은 생동하는 생명체로 가득 찬, 살아 있는 세상에 속해 있습니다. 우리는 이 생명체들에 이름을 지어주고 세상을 이해할 수는 있으나 결코 통제할 수 없습니다. 우리의 문화가 이 생동하는 세계에서 우리 자신을 점점 떼어놓는다면, 우리는 점점 더 인간성을 잃을 수밖에 없습니다. 한 사람이 다른 사람과 관계를 맺을 때만 비로소 자신의 정체성을 지닐 수 있듯, 인류는 살아 있는 세계의 나머지 구성원들과의 관계를 맺을 때만 진정한 인류로서 정체성을 지닐 수 있습니다.

그러므로 우리가 '향수병'을 앓는 것은 당연합니다. 우리는 단지 무대나 멋진 배경을 잃어버린 것이 아니라 우리 자신을 잃어버리고 있습니다. 세상에서 수많은 다른 생명체와 더불어 살아가는 가운데 받게 되는 우리의 진정한 자리를 잃어버리고 있습니다. 부활하신 예수께서는 맨 처음 막달라 마리아에게 나타나셨습니다. 이 사건이 일어나는 자리는 동산입니다. 그래서 막달라 마리아는 주님을 보고 동산지기라고 생각합니다. 그렇게 생각하는 게 당연합니다. 부활하신 예수는 새로운 동산지기, 새로운 아담입니다. 우리는 전능하고 독특한 존재라는 우리의 어리석은 신화로부터 그분은 우리를 해방하십니다. 그리하여 우리가 다시 한번 참된 세계, 인간과 비인간이 모두 생명체로서 함께 살아갈 수 있는 공간을 지닌 세계를 받아들이며 살아가게 해주셨습니다.

다른 생명체들을 위한 넉넉한 공간을 만드는 일은 궁극적으로 모든 존재 중에서도 가장 낯설고도 가장 위대한 '타자', 즉 하느님, 헤아릴 수 없을 만큼 풍요로워 때로는 우리를 두려워 떨게 하는 그분을 위한 공간을 만드는 일의 일부입니다. 이 위기가 지난 다음에도 우리는 이를 기억할 수 있을까요? 부디 그렇기를 바랍니다.

우리는 주님의 부활이 끝이 아니라 시작임을 기억해야 합니다.
부활은 우리가 살아가는 지형을 완전히, 영원히 바꾸었습니다.

07

끝과 시작

하느님께서는 천지를 창조하시기 전에 그리스도를 구세주로 미리 정하셨고 이 마지막 때에 여러분을 위해서 그분을 세상에 나타나게 하셨습니다. 여러분은 바로 이 그리스도로 말미암아 그분을 죽은 자들 가운데서 살리시고 그분에게 영광을 주신 하느님을 믿고 하느님께 희망을 두게 되었습니다. 여러분은 진리에 복종함으로써 마음이 깨끗해져서 꾸밈없이 형제를 사랑할 수 있게 되었으니 충심으로 열렬히 서로 사랑하십시오. (1베드 1:20~22)

내일은 제2차 세계대전이 끝난 지 75주년이 되는 날입니다. 커다란 어려움과 곤경을 겪고 있는 지금 제2차 세계대전의 종식과 승리는 새로운 울림을 줍니다. 75년 전, 승리를 처음으로 만끽하던 이들은 그전까지 우리가 상상하기조차 어려운 시련의 시기를 보내야 했습니다. 6년 동안 사람들은 죽음의 위협 아래 궁핍한 생활을 했습니다. 미래는 불확실했습니다. 그들은 쉼과 일상으로 돌아가기를 간절히 원했을 것입니다. 그리고 종전과 승리는 바로 그 바람이 이루어졌음을 뜻했습니다. 위협은 끝났고 사람들은 이제 일상으로 돌아갈 수 있다고 여겼습니다.

하지만 세계대전이 끝난 이후 가장 두드러진 모습은 많은 이가 단순한 일상으로의 복귀에 만족하지 않았다는 점입니다. 사람들은 승리를 새로운 현실을 일굴 기회로 삼았습니다. 새로운 무언가를 생각할 수 있게 되었습니다. 끔찍한 시련을 굳건히 버텨낸 뒤 사람들은 단순히 기존의 삶을 유지하려는 것에서 벗어나 변화를 위한 길을 내기 시작했습니다. 그리고 불과 몇 년 만에 영국 사회의 지형은 극적으로 변화했습니다. 영국은 약자와 가난한 이, 노인이 안전하게 지낼 수 있는 곳이 되었습니다.

복지 국가를 이상화하거나 복지 국가의 탄생에 기여한 이들을 영웅시하려는 것이 아닙니다. 복지 국가는 결코 지상낙원이 아닙니다. 다른 모든 정치적 시도가 그러하듯 복지 제도는 온갖 타협과 혼란, 잘못된 출발이 어우러지면서 나온 결과물이었습니다. 그렇지만 한 가지 사실은 분명합니다. 6년 동안 일어난 파괴적인 전쟁을 거치며 사람들은 사회가 공정하고 안전한 사회가 되지 못하도록 가로막고 있던 거대한 장애물들을 분별하고 직시할 힘을 갖게 되었습니다. 이들이 일구어낸 승리는 창조의 원동력이 되었습니다. 부활절에 교회가 전하는 모든 메시지의 핵심도 이와 같습니다. 부활절에 우리는 노래합니다.

싸움은 모두 끝나고 생명의 승리 얻었네.

가장 근본적인 의미에서 이는 진리입니다. 진실로 그러합니다. 예수의 죽음과 부활은 인간 세계를 완전히 바꾸었습니다. 수문이 열렸고 하느님의 자비가 흘러넘치게 되었습니다.

부활절에 우리가 기억해야 할 또 한 가지 중요한 점은 부활한 예수께서 사도들에게 숨을 불어 넣어 성령을 주셨다는 것입니다. 이제 사도들의 공동체는 하느님께 받은 힘을 가지고 세상으로 나아가 변화를 일으킵니다. 용서와 거듭남을 선포하고, 그리스도의 몸을 이루는 가운데 사랑의 상호 관계를 맺어 인류를 향한 하느님의 뜻을 증언하며, 한 사람 한 사람의 얼굴에 감추어져 있는 주님의 영광과 빛을 드러냅니다. 부활이라는 승리는 새로운 창조를 이끌었습니다. 다시 한번, 하느님의 영은 혼돈의 물 위를 움직이며 질서 잡힌 세상에 새로운 빛을 비춥니다.

1945년의 승리를 기념하며, 그리고 코로나바이러스라는 위기를 마주하며 우리는 어떤 승리를 거두기를 기도하고 또 바랄까요? 이 위기를 넘어서서 어떠한 미래가 도래하기를 소망하나요? 나라 전체에 내려진 봉쇄령을 완화해야 한다는 논의가 조심스럽게 나오고 있는 가운데 우리는 진실로 무엇을 갈망하나요? 위협이 일어나기 전 일상으로 단순히 되돌아가는 것인가요? 아니면 1945년에 승리를 일구어냈던 이들이 그랬듯 새로운 창조에 헌신할 것인가요?

봉쇄령이 끝난 후, 사회가 공정하고, 진실하고, 안전한 사회가 되지 못하도록 가로막은 것들을 분별하고 직시할 힘을 우리는 가질 수 있을까요? 그러기 위해서는 우리는 누가 가장 커다란 대가를 치르고 있는지 살펴보아야 합니다. 제도의 도움을 받지 못한 집단들, 사회적 소수자들, 우울증 등 여러 정신적, 정서적 문제를 혼자 감내할 수밖에 없는 이들이 있습니다. 건강보험의 혜택을 조금만 받거나 아예 받지 못한 이들이 있습니다. 사회 여러 영역에서 다른 이들을 위해 자신을 위험에 노출시킬 수밖에 없었던 이들이 있습니다. 하루아침에 취직할 기회를 잃어버린 젊은이들이 있습니다. 이들을 포함해 누가 가장 무거운 대가를 치르고 있는지, 그들을 위해 무엇을 해야 하는지를 우리는 물을 수 있어야 합니다.

또한, 최근 정부 관계자들이 (뜻밖에도) 분명하게 말했듯 우리는 봉쇄령 이후, 코로나 위기 이후 그동안 우리가 지속해 오던 에너지 소비 행태에 대해서도 다시 생각해 보아야 합니다. 그동안의 행태에서 벗어나 좀 더 환경친화적인 미래를 일구기 위해서 무엇이 필요한 지를 고민해 보아야 합니다. 시간이 얼마 남지 않았습니다. 환경 위기는 지금과 같은 전염병이 일어날 가능성을 높인다는 것을 우리는 이제 알고 있습니다.

하지만 다른 무엇보다도, 부활 신앙을 고백하는 우리는 주님의 부활이 끝이 아니라 시작임을 기억해야 합니다. 부활은 우리가 살아 가는 지형을 완전히, 영원히 바꾸었습니다. 부활을 통해 자유로워진 성령은 우리에게 임해 우리가 용서하고 낯선 이들을 이해하고 그들 과 대화하고, 서로 섬기고 격려하는 공동체를 이룰 힘, 우리를 헤아 릴 수 없이, 쉬지 않고 사랑하시는 하느님과의 온전한 친교로 들어 갈 힘을 주십니다. 이 모든 일 가운데, 성령을 통해 우리는 새로워질 수 있습니다. 그렇게 된다면 우리는 우리 사회가 안고 있는 문제들 을 직시하고 새로운 창조를 일구는 일에서 우리 각자의 몫을 감당할 수 있을 것입니다. 그렇게 된다면 하느님의 은총으로 우리는 과거의 안락함으로 돌아가고 싶어 하는 우리의 끈질긴 욕망에 맞서 작은 승 리를 거둘 수 있을 것입니다.

우리가 주변에서 우리와 묵묵히, 꾸준히
함께 하는 이들을 본다면, 우리는 그들에게 마땅히
감사를 드려야 할 것입니다.

08

—

묵묵히 함께함

베드로가 일어나 이렇게 말하였다. "교우 여러분, 예수를 잡은 자들의 앞잡이가 된 유다에 관하여 성령께서 다윗의 입을 빌려 예언하신 말씀은 정녕 이루어져야만 했습니다. 그는 본래 우리 열두 사람 중 하나로서 우리와 함께 일하던 사람이었습니다. 그는 주님을 판 돈으로 밭을 샀습니다. … 그러므로 우리는 우리 주 예수께서 우리와 함께 지내오시는 동안, 곧 요한이 세례를 주던 때부터 예수께서 우리 곁을 떠나 승천하신 날까지 줄곧 우리와 같이 있던 사람 중에서 하나를 뽑아 우리와 더불어 주 예수의 부활의 증인이 되게 해야 하겠습니다." 그들은 바르사빠라고도 하고 유스도라고도 하는 요셉과 마티아 두 사람을 천거한 다음 이렇게 기도하였다. "모든 사람의 마음을 다 아시는 주님, 주님께서 이 두 사람 중 누구를 뽑으셨는지 알려주십시오. 유다는 사도직을 버리고 제 갈 곳으로 갔습니다. 그 직분을 누구에게 맡기시렵

니까?" 그리고 나서 제비를 뽑았더니 마티아가 뽑혀서 열한 사도와 같이 사도직을 맡게 되었다. (사도1:15-26)

오늘은 성 마티아(맛디아)의 축일입니다. "마티아를 모르는 분은 없겠지요?"라고 물으면 많은 분이 웃을지 모르겠습니다. 성 마티아 축일은 여러모로 교회력에서 가장 잊어버리기 쉬운 축일이라고 해도 과언은 아닙니다. 우리는 그에 대해 아는 바가 전혀 없습니다. 우리는 그의 이름과 그가 생전에 예수를 따르던 이들 중 한 사람이었다는 점, 그리고 가리옷 유다의 빈자리를 메꾸기 위해 (제비뽑기로) 사도의 대열에 합류했다는 사실만을 알고 있을 뿐입니다.

사도라고 하기에는 너무나 볼품없는 시작이 아닐 수 없습니다. '사도행전'의 시작이 이런 이야기라는 점도 꽤 특이합니다. 다른 저자라면 이 지점에서 그때까지 들어본 적 없는 이 무명의 사내가 신앙의 새로운 모범, 열두 사도 중 가장 용감한 영웅이 되리라는 신호를 보냈을지도 모릅니다. "이 사람이 누구인지 아직은 아무도 모를 것입니다. 하지만 그 후에는 …" 이런 식으로 말이지요. 그러나 그런 일은 일어나지 않습니다. 사도행전은 이후 그에 관해 어떠한 언급도 하지 않습니다. 그리고 진짜 주인공은 따로 있습니다. 마티아가 등장한 지점에서는 이름조차 나오지 않은, 가장 사도가 되지 않을 것 같은 인물, 성난 행동 대장, 예수와 관계있는 이들이면 모조리 적으로 삼은 인물, 바로 타르수스의 사울입니다.

이쯤 되면 사도행전의 저자인 루가가 일부러 책을 이렇게 설계한 것은 아닌지 의심할 만합니다. 따지고 보면 그가 쓴 복음서인 루가 복음도 별 인지도가 없는 몇몇 노인들, 즈가리야, 시므온, 안나 같은 이들을 소개하면서 이야기를 시작합니다. 이들은 소개되자마자 이야기에서 흔적도 없이 사라집니다. 그럼에도 이야기는 그들을 필요로 합니다. 그들을 통해 이야기는 자리를 잡고, 그들이 부른 음계에 맞추어 성가대는 합창을 합니다. 루가는 같은 맥락에서 마티아를 배치한 건 아닐까요? 마티아처럼 별다른 존재감이 없는 이가 바울의 회심과 선교라는 위대한 연대기의 배경과 여백을 채우고 있다고 본다면 과장일까요?

어쩌면 루가는 이런 이야기를 하고 싶었는지도 모릅니다.

바울의 영웅적인 이야기에 너무 경도되지 마십시오. 사도들의 선포와 선교는 그들 곁에서, 또 예수 곁에서 묵묵히 예수를 따라 살고자 했던 이들이 있었기에 가능했습니다. 배신하고 도망가는 이들이 있는가 하면 그저 그 자리에 있는 이들이 있습니다. 유다 같은 비극적인 삶, 바울 같은 열정적인 삶 곁에는 언제나, 반드시, 마티아처럼 묵묵히, 그냥 그 자리를 지키는 삶이 있습니다.

사도행전 이야기는 이 꾸준한 묵묵함을 드러내는 데서 시작합니다. 그리고 흥미롭게도 이에 상응해 이 이야기는 절제된 방식으로 마무리됩니다. 가택연금 상태에 놓인 바울은 지역 유대인 지도자들과 두서없는 논쟁을 벌이며 앞에 누가 있든 상관하지 않고 자신의 신앙을 나눕니다. 그러나 어떤 극적인 사건은 일어나지 않습니다.

> 많은 사람이 바울의 숙소로 찾아왔다. 그는, 아침부터 저녁까지, 그들에게 하느님 나라를 엄숙히 증언하고, 모세의 율법과 예언자의 말을 가지고 예수에 관하여 그들을 설득하면서 그의 속내를 터놓았다. 더러는 그의 말을 받아들였으나, 더러는 믿지 않았다. (사도 28:23~24)

교회에서 교회력과 성인 축일을 쓰는 이점 중 하나는 각양각색의 사람들이 각기 다른 상황과 순간 가운데 우리에게 말을 건넨다는 것입니다. 가끔 우리는 자극과 영감을 통해 남이 나를 알아준다는 느낌, 남에게 인정받기를 원하는 야망이라는 독을 뽑아낼 필요가 있습니다. 가끔 우리는 끔찍한 고통을 겪는 와중에도 아무 말 없이, 아무런 불평 없이 이를 감내하는 삶을 볼 필요가 있습니다. 그리고 우리는 영국 속담처럼 "삶의 9할은 그저 그 자리에 있는 것"임을, 그 또한 사도적이고 거룩함을 상기할 필요가 있습니다.

'그저 그 자리에 있는' 이들, '그냥 있는' 이들을 우리는 과소평가

할 수 있습니다. 때로는 그런 사람들을 경멸하기도 합니다. 선교에 열정적인 목회자들은 자연스럽게 교회가 헌신적인 성도들, 언제든 거리로 나가 복음을 전할 열정이 넘치는 이들로 가득 차기를 바랍니다. 교리에 충실한 사목자들은 주일마다 교회에 나오는 신자들이 자신이 무엇을 믿는지 잘 모르겠다고 말하거나, 나온 지 얼마 안 된 신자들이 맨 뒤에서 머뭇거리며 앞 좌석에 나오기를 주저할 때 인상을 찌푸립니다. 하지만 저는 종종, 많은 사람이 주일마다 단순한 믿음으로 '그냥' 교회에 나와 '그저 그 자리에' 있는 모습을 보며 깊은 감명을 받습니다. 그들은 그저 그 자리에서 신뢰합니다. 교회가 자신을 환대함을 신뢰합니다. 여기에 그래도 무언가 가치 있는 게 있다고 신뢰합니다. 자신이 어려움에 처하면 자신을 생각해주고 위해주며 이끌어 줄 공동체가 있음을 신뢰합니다. 자기도 기회가 되면 다른 사람을 환대하고 자신의 믿음을 다른 이들에게 권할 수 있음을 신뢰합니다. 이 모든 신뢰 가운데, 저 많은 사람이 그 자리에 있다는 사실 하나만으로도 저는 많은 깨달음을 얻습니다.

물론 이것이 신앙의 전부는 아닙니다. 그러나 이는 결코 아무것도 아닌 게 아닙니다. 어쩌면 마티아는 사람들이 별 볼 일 없다고 여기는 자리를 지키는 이들, 묵묵히 남아 있는 이들을 위한 수호성인인지도 모르겠습니다. 때때로 우리(특히 성직자)가 선교와 교회의 성장이 필요하다고 말할 때 지금 교회에 있는 사람들에게는 별다른 관심이 없는 것이 아닌지, 다른 사람들, 좀 더 젊은 사람들, 좀 더 활기 넘치는 사람들, 좀 더 유능한 사람들이 왔으면 한다는 이야기를 하는 것은 아닌지 저는 되돌아보곤 합니다. 교회 성장에 대해 말하지 말아야 한다는 이야기가 아닙니다. 그러한 논의가 잘못되었다는 이야기도 아닙니다. 그러나 교회 성장에 대해 말할 때는 반드시 우리 곁에 있는 이들, 단순한 신뢰로 자리를 지키고 있는 이들, 묵묵히 짐을 함께 짊어지는 이들, 조용히 자신의 몫을 감당함으로써 자신의 제자도를 걷는 이들의 신앙, 그들의 거룩함을 염두에 두어야 합니다.

오늘날 위기는 모든 문제에는 빠른 해결책이 있어야 한다고 생각하는 이들에게 고통스러운 시험입니다. 지금 이 순간, 이 위기에서 탈출할 수 있는 명확한 길은 보이지 않습니다. 얼마나 시간이 걸릴지도 미지수입니다. 정치 지도자들은 똑같은 말만 되뇌고 혼란은 가중됩니다. 저 같은 노년층보다 젊은이들은 훨씬 더 어려운 도전과 마주하고 있습니다. 그들은 일자리에 대한 기대, 안정적인 삶에 대한 기대가 증발한 광야에 서 있습니다. 이럴 때일수록 매일 매일의 리듬을 꾸준히 유지하는 일이 얼마나 대단한 일인지를 되새겨야 합니다. 내가 있는 작은 자리를 지키며 작은 변화를 만드는 일, 집에서, 온라인에서, 어디서든, 작은 배려와 친절을 남에게 베푸는 일, 그들이 혼자가 아님을 믿게 해주는 일은 진정 위대한 일입니다. 어쩌면 마티아가 한 일도 그게 다였는지 모릅니다. 전혀 극적이지 않은 일상 속 친절함, 배려, 그리고 타인에게 기꺼이 한 걸음 다가가는 일이 전부였는지 모릅니다. 마티아가 사도로서 한 기억할 만한 일은 딱 하나라고 할 수 있습니다. 그것은 '유다가 되지 않는 일' 이었습니다. 배신하지 않고 도망가지 않았던 이로 기억되는 건 그리 나쁜 일이 아닙니다. 오히려 그렇게 기억될 수 있다면 우리 모두가 바라고 기도할 만한 은총입니다. 그러니 우리가 주변에서 우리와 묵묵히, 꾸준히 함께 하는 이들을 본다면, 우리는 그들에게 마땅히 감사를 드려야 할 것입니다.

마리아는 그저 손을 펼칠 뿐입니다. 그 펼친 손이 마치 영광스러운
자신의 아들을 둘러싼 빛의 원을 감싸 안을 준비를 하는 것만 같습니다.
나자렛에서 그랬듯 마리아는 예수라는 그 선물을 다시 품에 안을
준비를 하는 것인지도 모르겠습니다. 자신을 통하여 예수의 탄생을 일으킨
성령을 향해 마리아는 다시금 자신을 엽니다.

09

고요함 가운데

나의 구원이 그분에게서 오니, 내 영혼은 오직 하느님 품에서 안온하구나.

그분 홀로 나의 바위, 나의 구원이시며 나의 요새이시니

나는 흔들리지 아니하리라. (시편 62,1-2)

이르면 6세기부터 동방 그리스도교에서는 주님의 승천을 성화를 통해 특정한 방식으로 표현하기 시작했습니다. 살아 움직이는 그리스도의 몸, 즉 사도들의 공동체를 전면에 배치하고 영광에 싸인 채 옥좌에 앉은 그리스도는 그 뒤에, 상대적으로 작게 표현했지요. 사도들 뒤로 그리스도께서 저 멀리 하늘로 사라지는 듯한 인상을 줍니다. 그리고 가장 앞에, 정 중앙에는 성모 마리아가 있습니다. 마리

아는 손을 펼치고 있는데 마치 시간을 초월해 영원히 기도하고 있는 것 같습니다. 저는 이 마리아에 주목합니다. 손을 허우적대며 우왕좌왕하는 듯한 사도들 가운데 마리아는 고요하게, 차분히 서 있습니다.

예수께서 승천하셨을 때 성모 마리아가 그 자리에 있었다는 증거는 없습니다. 오히려 루가의 진술을 보노라면 그 자리에 없었을 가능성이 더 큽니다. 그러나 중요한 것은 마리아가 그 자리에 있었느냐 없었느냐가 아니라 성화 속 마리아의 고요함, 그리고 활짝 핀 손이 가리키는 바입니다. 저는 이 모습이 교회의 핵심을 보여준다고 생각합니다. 자세히 보면 마리아가 펼친 손과 팔은 옥좌에 앉아 있는 예수를 감싸고 있는 빛의 원과 같은 모습을 하고 있습니다. 그러면서도 그녀의 손과 팔은 그 원과 결코 접촉하지 않습니다. 마리아의 손과 팔이 그리스도를 감싼 빛의 원과 같은 모습을 한 것은 교회가 기도를 바칠 수 있는 이유가 영광 가운데 승천하신 그리스도께서 여전히 우리와 함께하시기 때문임을 가리키는 듯합니다. 동시에 그손과 팔이 빛의 원과 접촉하지 않은 모습은 교회는 결코 영광 가운데 승천하셨으며 여전히 우리와 함께하시는 그리스도를 완전히 이해하거나 독점할 수 없음을 가리키는 듯합니다.

사도들은 손짓하며 흥분합니다. 그러나 마리아는 열광에 휩싸이지 않습니다. 열광 가운데 그녀는 고요히 서 있습니다. 사도들은 당황하거나 흥분한 기색이 역력합니다. 그들의 얼굴을 보면 이렇게 고함치는 소리가 들리는 듯합니다.

예수께서 진짜 우리를 영영 떠나신 거야? "나는 아버지께로 돌아간다"고 하셨던 말씀은 도대체 무슨 뜻이었던 거지? 천사들이 "너희가 지금 본 이대로 그분께서는 다시 오신다"고 했는데 그건 또 무슨 말이지?

하지만 마리아는 그저 손을 펼칠 뿐입니다. 그 펼친 손이 마치 영광스러운 자신의 아들을 둘러싼 빛의 원을 감싸 안을 준비를 하는 것만 같습니다. 나자렛에서 그랬듯 마리아는 예수라는 그 선물을 다시 품에 안을 준비를 하는 것인지도 모르겠습니다. 자신을 통하여 예수의 탄생을 일으킨 성령을 향해 마리아는 다시금 자신을 엽니다.

그렇기에 사도들이 그렇게 생각했을지언정 승천은 이별이 아닙니다. 승천은 마리아의 몸을 통하여 예수의 탄생을 일으키신 성령께서 다시 같은 방식으로 일으키시는 역사役事입니다. 그러나 이번에 성령께서는 마리아의 몸이 아니라 우리를 통하여, 우리 안에서, 말씀이신 하느님의 영광이 살아 숨 쉴 수 있는 공간을 만들어내십니다. 그것이 승천입니다. 사도들이 혼란스러워하며 우왕좌왕하는 가운데 승천이 일어난다는 점은 대단히 중요합니다. 혼란스러운 교회 현실 한가운데, 우왕좌왕하는 우리네 삶 한가운데, 거기에 여전히 고요한 샘이 자리하고 있습니다. 그 샘은 조용히 자신을 거울삼아 그리스도의 모습을, 그분의 빛을, 그리스도 자신을 우리에게 비추어 줍니다.

현실의 교회를 볼까요. 교회는 늘 분열과 논쟁에 휩싸여 있는 것처럼 보입니다. 최근 잉글랜드 성공회에서는 온라인을 중심으로 코로나 사태에 대응해 캔터베리 대주교가 모든 교회의 문을 닫으라고 지시한 것이 과연 옳은 행동이었는지를 두고 볼썽사나운 논쟁을 벌이고 있습니다.* 이외에도 교회에서 일어나는 온갖 소문, 추문, 혼란을 발견하는 것은 그리 어려운 일이 아닙니다. 그러나 승천을 그린 성화는 그러한 와중에도 교회의 삶 한가운데 언제나 무엇이 있었는지, 그리고 무엇이 있어야 하는지를 보여줍니다. 그것은 고요함입니다. 그 고요함 가운데 성령을 통해 그리스도께서 탄생하십니다. 우리의 삶 안으로 들어오십니다. 신앙이 무르익기를 바란다면, 갱신되기를 바란다면 우리는 평화와 희망을 담아 양손을 펼친 하느님의 어머니, 마리아의 엄격하면서도 온화한 모습을 닮기를 기도해야

---

* 2020년 3월 24일 영국 전역이 코로나 사태로 인한 봉쇄령에 들어감에 따라 캔터베리 대주교와 요크 대주교는 공동으로 잉글랜드 성공회 전체 사제들에게 신자들은 물론 사제들에게도 일체의 교회 출입을 금한다고 명령했다. 이후 이 명령이 과연 적법하고 정당한 것이었냐를 두고 논쟁이 일어났다. 얼마 후 캔터베리 대주교는 인터뷰를 통해 의사소통 과정에서 착오가 있었으며 사제들에게 교회의 출입을 금한 것은 당부와 협조의 차원이었지 명령이 아니었다고 해명했다. 국교회로서 잉글랜드 성공회의 사제는 자신이 관할하는 지역 교회의 책임자로서 예배와 기도를 정기적으로 바칠 의무와 권한을 지닌다는 것이 법에 명시되어 있다. 사제에게 교회의 출입을 금한 것은 아무리 캔터베리 대주교라 하더라도 법을 바꾸지 않고서는 불가한 일이었다는 비판이 제기되었던 것도 이러한 맥락에서다.

합니다.

신앙 생활을 하다 보면 이를 몸으로 실천하는 분들을 가끔 만나는 소중한 순간들이 있습니다. 고요히 묵상에 잠긴 수도사나 수녀님일 수도 있고, 이름도 모르는 어느 집사님일 수도 있고, 기도하는 아이일 수도 있고, 또는 자신이 들은 바대로 하늘의 가치를 묵묵히 실천하는 예배 공동체일 수도 있습니다. 그들의 모습을 볼 때 우리는 참된 승천의 신비를 봅니다. 승천하신 그리스도는 더는 우리에게 개인, 어떤 사랑스럽고 거룩한 한 사람이 아닙니다. 승천하신 그리스도는 이제 온 우주에 흘러넘치는 생명 그 자체이십니다. 우리가 진실로 살기 위해서는, 온전한 인간으로 자라기 위해서는 그분의 생명으로 가득 차야 합니다. 흘러넘치는 생명에 잠겨야 합니다. 마리아처럼, 우리도 그리스도께서 우리 안에서 탄생하실 수 있도록 양손을 펼치고 우리 자신을 열어야 합니다.

제도로서의 교회는 언제나 추문이 끊이지 않을 것입니다. 혼란에 빠질 것입니다. 그것들이 거는 최면에 빠질 필요는 없습니다. 살아 있는 그리스도의 몸으로서 이 땅의 교회는 훨씬 깊은 데 뿌리내리고 있습니다. 그 뿌리는 고요함 가운데 드리는 기도입니다. 그 고요하고 맑은 샘물 위로 그리스도의 모습이 비칠 것입니다.

하느님께서 말씀하십니다. 우리는 당신께서 소중히 여기는
당신의 피조물, 각양각색의 아름다움을 지닌 당신의 자녀라고.
그분이 우리를 부르십니다. 교회라는 특이한, 새로운 공동체에서
당신께서 끊임없이 주시는 선물을 받으라고.

10

인간의 운명

나는 길이요, 진리요, 생명이다. 나를 거치지 않고서는, 아무도 아버지께로 갈 사람이 없다. 너희가 나를 알았더라면 내 아버지도 알았을 것이다. 이제 너희는 내 아버지를 알고 있으며, 그분을 이미 보았다. (요한 14:6-7)

요한복음에서 예수께서는 말씀하십니다.

아직도, 내가 너희에게 할 말이 많으나, 너희가 지금은 감당하지 못한다. 그러나 그분 곧 진리의 영이 오시면, 그가 너희를 모든 진리 가운데로 인도하실 것이다. (요한 6:12~13)

그렇다면 성령은 어떤 말씀을 해줄까요? 사도행전 2장을 보면 예수의 가르침을 명확하게 밝혀줄 모범 답안을 제시해주는 것이 아님은 분명합니다.

> 오순절이 되어서, 그들은 모두 한곳에 모여 있었다. 그때에 갑자기 하늘에서 세찬 바람이 부는 듯한 소리가 나더니, 그들이 앉아 있는 온 집안을 가득 채웠다. 그리고 불길이 솟아오를 때 혓바닥처럼 갈라지는 것 같은 혀들이 그들에게 나타나더니, 각 사람 위에 내려앉았다. 그들은 모두 성령으로 충만하게 되어서, 성령이 시키시는 대로, 각각 방언으로 말하기 시작하였다. (사도 2:1~4)

차라리 이 장면은 예수를 중심으로 서로 다른 여러 언어와 문화가 만나 소통하기 시작할 때 일어나는 무질서한 소음, 혼란을 묘사하는 것처럼 보입니다. 십자가와 부활을 경험하기 전 제자들이었다면 도저히 이러한 현상을 감당하지 못했을 것입니다. 그러나 무질서하고 혼란스러워 보일 정도로 창조적인 저 사건은 성령을 통해 예수께서 세상에 품은 뜻을 드러냅니다. 바로 온 세상을 아우르는 새로운 공동체의 가능성입니다. 마지막 만찬 때 제자들은 상상할 수도 없던 일입니다. 성령강림 사건은 이제 예수께서 당신의 십자가와 부활을 중심으로 모인 이들의 공동체를 통하여 이 세상에서 말씀하신다는 점을 분명하게 드러냈습니다. 그 공동체가 얼마나 말씀을 잘 가르치고 이를 얼마나 잘 실천하는지보다도 이 공동체의 성격, 이 공동체가 머금고 있는 완전한 새로움이 중요합니다. 이 공동체에서는 우리를 갈라놓는 온갖 차이들, 이해와 문화의 깊은 골에도 불구하고 서로를 신뢰하고 그 신뢰를 바탕으로 서로에게 배웁니다. 이 새로움을 통해 예수께서는 이 세상에서 말씀하십니다.

이 모든 과정에서 우리가 발견하고, 다시금 발견하며 나누고 익히는 것은 단 하나, 과거에도 존재했고 지금도 여전히 존재하는 예수입니다. 예수의 삶을 통해, 인간의 파괴적인 욕망과 오만, 분노 한가운데 하느님의 삶, 생명이 나타났습니다. 예수의 삶을 통해 우리가 얼마나 우리 자신이 진리로 여기는 것을 하느님의 진리로 포장하는지, 우리 자신이 정의로 믿고 싶은 것을 하느님의 정의라고 주장하는지가 드러났습니다. 그렇기에 성령은 우리와 친교를 나누는 가운데 말씀하십니다. 우리는 하느님이 아니라고. 이것이 성령이 전하는 진실입니다. 우리 자신을 하느님으로 여기는 순간 우리는 참 하느님을 제거하려고 온갖 노력을 기울이게 됩니다. 그 순간 우리 눈에 참 하느님은 죽이고 싶을 정도로 미운 적, 가장 위험한 경쟁자로 보이기 때문입니다.

이렇게 보면 하느님께서 우리에게 성령을 주신 이유는 우리가 필멸하는 존재라는 것, 언젠가 반드시 죽는 존재라는 것을 분명하게 깨닫게 하기 위해서라고도 말할 수 있습니다. 이 진실을 피할 수 없는 우리의 처지로 이해하고 받아들일 때만, 우리는 하느님께서 주시는 영원한 생명, 영원한 삶이라는 선물을 그분께서 주신 그대로 받을 수 있습니다. 영원한 생명, 영원한 삶이란 우리가 끔찍이 아끼는 소중한 자아가 끝없이 이어지는 것이 아니라 우리가 우리를 위해서는 결코 만들어낼 수 없으며 상상할 수도 없는 깊은 사랑, 하느님께서 기꺼이 거저 내어주시는 충만한 사랑에 기쁨으로 우리 자신을 한없이 여는 것입니다. 미국의 탁월한 신학자 스탠리 하우어워스Stanley Hauerwas는 한 감리교 목회자가 설교를 시작하며 한 말을 즐겨 인용했습니다. "저는 교회라는 공동체를 상상할 수 없었습니다."

성령이 우리에게 주는 선물은 언제나 우리가 스스로 필요하다고 생각하는 것, 우리가 감당할 수 있다고 생각하는 것, 우리가 '짊어질' 수 있다고 생각하는 것을 뛰어넘습니다. 성령이 주는 선물 중에는 우리 곁에 있는 사람들이 포함된다는 사실을 생각해 보면 이 점이 더 잘 드러날지 모르겠습니다.

그러므로 죽음과 마주하게 되는 순간, 우리가 그래도 여전히 살아 있음을 여실히 느끼는 순간은 은총의 순간이 될 수 있습니다. 이 순간들이 우리가 죽을 운명을 지닌 존재임을, 심판받을 운명임을 일깨우기 때문이 아니라 우리가 우리 자신의 생명을 끝없이 연장하지 않아도 된다는 진실을, 이 세계는 근본적으로 나에게 의존하지 않는다는 진리를 일깨우기 때문입니다.

복음은 인간 권력이 만들어낸 모든 체제, 제도에 물음표를 던집니다. 우리 스스로 만든 체제, 제도에 우리가 얼마나 쉽게 기만당하는지, 우리가 얼마나 쉽게 체제와 제도의 유지에 마치 우리의 전 존재가 달린 것처럼 몰입하는지를 꿰뚫어 보기 때문입니다. 성령이 택한 방식은 다릅니다. 성령은 우리를 죽음과 마주하게 함으로써 우리에게 생명을 불어넣어 줍니다. 우리가 인간임을, 분명한 한계를 지닌 존재임을 기억하게 함으로써 삼위일체 하느님의 삶에 동참하게 합니다. 성령은 나약하고 실수투성이인 우리, 육체를 지닌 우리의 삶에 들어와서, 그 모두가 하느님의 사랑과 진리라는 빛을 받게 합니다. 그리하여 우리가 위에서 오는 능력을 입을 수 있게 합니다.

쉽사리 감당할 수 있는 일은 아닙니다. 그렇지만, 요한복음이 전하듯 영원한 생명, 영원한 삶에 이르는 유일한 길은 참 하느님을 알고 그 하느님께서 보내신 예수를 아는 것입니다. 오직 참 하느님만이 우리가 하느님이 아니라고 말씀하실 수 있습니다. 그리고 그 하느님께서 말씀하십니다. 우리는 당신께서 소중히 여기는 당신의 피조물, 각양각색의 아름다움을 지닌 당신의 자녀라고. 그분이 우리를 부르십니다. 교회라는 특이한, 새로운 공동체에서 당신께서 끊임없이 주시는 선물을 받으라고, 그리고 그 선물을 서로 나누라고.

우리는 폭포수 아래로 나아가 그곳에 서고, 또 서야 합니다.
이것이 우리의 소명입니다. 우리를 감싸고 있는,
우리의 온 존재 위로 쏟아져 내리는 폭포수를
우리는 도저히 측량할 수도, 움켜쥘 수도 없음을 기억해야 합니다.

11

우상과 하느님

하늘은 주님의 의로우심을 선포하고, 만백성은 그의 영광을 본다. 조각된 신상을 섬기는 자는 누구나 수치를 당할 것이며, 헛된 우상을 자랑하는 자들도 부끄러움을 당할 것이다. 모든 신들아, 주님 앞에 엎드려라. (시편 97:6-7)

요한의 첫째 편지는 이렇게 마무리됩니다.

우리는 참되신 분 곧 하느님의 아들 예수 그리스도 안에 있습니다. 이분이 참 하느님이시요, 영원한 생명이십니다. 자녀 된 이 여러분, 여러분은 우상을 멀리하십시오. (1요한 5:21)

그리스도인으로서 우리의 정체성은 예수께서 서 계신 곳에 있습니다. 그곳에서 우리는 끝없이 펼쳐지는 현실, 흘러넘치는 하느님의 생명을 들여다볼 수 있습니다. 예수와 같은 자리에 서는 일, 진리에 서는 일은 마치 폭포수 아래 서는 것과 같습니다. 하느님의 삶, 하느님에게서 나오는 생명이 우리를 둘러싸고 있습니다. 그 삶과 생명이 폭포수처럼 쏟아져 내려와 우리 삶의 모든 영역을 흠뻑 적십니다. 우리를 압도합니다. 우리는 그 삶을 움켜쥘 수 없습니다. 우리는 저 생명을 우리 손안에 가둬둘 수 없습니다. 삼위일체 하느님의 삶의 신비는 바로 저 현실에 깊이 잠기는 것입니다. 그리고 이 삼위일체의 신비를 가장 잘 보여주는 상징은 바로 세례입니다.

삼위일체 하느님이라는 신비 안에서 사는 삶은 우상을 섬기는 삶과 정반대 지점에 있습니다. 우상은 우리 스스로 만든, 우리가 조종할 수 있는 신입니다. 우상숭배란 궁극적으로 어떤 사물을 숭배하는 것이 아니라 바로 우리 자신을 숭배하는 것, 하느님을 '나'의 욕망과 필요의 차원으로 끌어내리는 행위입니다.

이러한 맥락에서 하느님의 진리를 가리키는 증언과 상징마저도 너무나도 손쉽게 우리의 우상이 될 수 있다는 사실을 우리는 잊지 말아야 합니다. 우리는 우리가 생각하고 싶은 우리 자신의 모습(그것이 민족이든, 국가든, 계급이든, 인종이든)을 공고히 하는 데 저 증언과 상징들을 우상으로 활용할 수 있습니다.

오늘날 미합중국 대통령의 머릿속에 무엇이 있는지는 말 그대로 하느님만이 아십니다. 그 어느 때보다 상처 입고 분열된 나라를 앞에 둔 채 그는 고무 탄환과 최루탄을 사람들에게 쏘아가며 길을 내고는, 교회 앞으로 걸어가 성서를 꺼내 들고 자세를 취했습니다.*

이는 아주 객관적인 의미에서 우상숭배입니다. 진리가 아닌 다른 곳에 서서, 우리의 고정 관념과 제도를 뒤흔드시는 하느님의 주권을 증언하는 본문을 '나'를 드러내는 극의 소품으로 활용했기 때문입니다. 인종 우월주의라는 우상을 오랫동안 숭배한 나라, 그 우상을 제도적 폭력으로 보호한 나라, 그 우상을 숭배하는 이들의 특권을 보장해주던 나라의 대통령이 성서를 부적처럼 들고 있는 모습은 요즘 기준으로 보더라도 기이하다고 하겠습니다.

삼위일체주일을 준비하며 우리는 우리 자신에게 물어야 합니다. 우리는 어떤지, 우리는 얼마나 진리 안에 서려고 노력하는지 물어야 합니다. 크든 작든, 개인이든 사회든 우리의 우상은 무엇인지 물어야 합니다. 워싱턴에서 일어나는 일을 보며 "저 나라는 저래서 문제야"라고 말하는 데 열을 올리기는 쉽습니다. 하지만 우리가 우리 자신의 지위와 안녕을 유지하는 방식은 어떻습니까? 특권이라는 독에 맛을 들인 채 우리는 진실함에서 멀어지고 있는 것은 아닌지요?

---

* 당시 미 대통령 도널드 트럼프는 워싱턴에서 열린 인종차별 반대 시위를 진압한 후 근교에 있는 성 요한 교회 앞에서 사진을 찍어 논란을 일으켰다.

우리는 모두 어떤 식으로든 우상숭배라는 독에서 자유롭지 못합니다. 인간인 이상, 인간을 옥죄는 조건을 물려받았기 때문입니다. 우리는 여전히 적들에 둘러싸여 있다는 두려움, 승자가 아니면 패자가 된다는 두려움, 동료 인간을 짓밟고 올라서야만 나의 안녕을 확보할 수 있다는 두려움에 사로잡혀 있습니다. 그러나 이러한 세계는 거짓 세계입니다. 세례는 바로 이 거짓 세계에서 우리를 벗어나게 합니다.

그러므로 우리는 폭포수 아래로 나아가 그곳에 서고, 또 서야 합니다. 이것이 우리의 소명입니다. 우리를 감싸고 있는, 우리의 온 존재 위로 쏟아져 내리는 폭포수를 우리는 도저히 측량할 수도, 움켜쥘 수도 없음을 기억해야 합니다. 거짓 세계에서 벗어나 진리 안에서 다시 태어나는 그 감각을 반복해서 기억해야 합니다. 다른 사람을 손가락질하고 심판하기 위해서가 아니라, 우리의 우상을 들춰내기 위하여. 우리를 옭아매 이 세계를 있는 그대로 보기보다 훨씬 편협하고 삭막한 세상으로 보게 만드는 그 우상을 폭로하기 위하여. 이 세계의 참된 모습은 아버지이신 하느님, 말씀이신 하느님, 영이신 하느님의 영원하신 삶에 속한다는 것을 잊지 않기 위하여. 그리하여 오직 "이분이 참 하느님이시요, 영원한 생명"이시라고 고백하기 위하여.

주님께서, 지금도 여전히 그 자리에 계시며 사랑으로 이 세계를
당신과 화해하도록 살피시고 이끄시고 계심을
기쁘고 감사한 마음으로 바라볼 수 있도록 도와줍니다.

12

온라인 예배

베드로가 대답하였다. "회개하십시오. 그리고 여러분 각 사람은 예수 그리스도의 이

름으로 세례를 받고, 죄 용서를 받으십시오. 그리하면 성령을 선물로 받을 것입니다.

이 약속은 여러분과 여러분의 자녀와 또 멀리 떨어져 있는 모든 사람, 곧 우리 주 하

느님께서 부르시는 모든 사람에게 주신 것입니다." 베드로는 이 밖에도 많은 말로

증언하고, 비뚤어진 세대에서 구원을 받으라고 그들에게 권하였다. 그의 말을 받아

들인 사람들은 세례를 받았다. … 그들은 사도들의 가르침에 몰두하며, 서로 사귀는

일과 빵을 때는 일과 기도에 힘썼다. (사도 2:38~42)

예배가 주로 온라인으로 이루어지는 요즘, 여러 곳에서 직접 성

찬례에 참여하지 못하고 영성체를 하지 못하는 것과 관련한 논의

가 이루어지는 모습을 봅니다. 교회력에는 '코르푸스 크리스티'Corpus Christi, 성체성혈 대축일이라는 특별한 날이 있습니다. 성공회나 로마 가톨릭 교회에 속한 많은 교회는 이날 야외에서 성대한 행렬을 벌입니다.

중세 대중의 일상에서 성체성혈 대축일은 매우 뜻깊은 날이었습니다. 서유럽의 많은 도시에서는 당시 널리 알려진 기적과 관련된 연극이 거리에서 상연되었고, 때로는 공공영역에서 앙숙이던 개인이나 경쟁 집단이 서로 화해하는 모습이 연출되기도 했습니다. 그날은 성찬이 모든 공동체, 모든 공적 삶의 참된 기반임을 확인하는 날이었습니다.

오늘날 우리 사정은 이와 사뭇 다릅니다. 그러나 흥미롭게도 성찬에 직접 참여할 수조차 없었던 지난 몇 달간 성찬이 가리키는 삶, 삶의 '공동체성'은 결코 사라지지 않았습니다. 한 나라를 이루는 공동체로서 우리는 공동체의 구성원 중 가장 약한 이들, 어려운 이들을 보살펴야 함을 깨달았습니다. 공동의 삶을 지탱하기 위해 얼마나 많은 사람이 묵묵히 일하고 있는지를 알게 되었습니다. 조금이나마, 그동안 보지 못했던 궁핍한 현실들, 얼마나 많은 사람이 가정에서 여러 문제를 겪고 있는지를, 폭력에 노출되어 있고 극심한 외로움에 시달리고 있는지를 보았습니다. 이 어려운 상황 가운데서도 우리는 자기만의 은닉 장소를 만들어 숨지 않았습니다. 지난주에는 보건당

국의 우려에도 불구하고 세계 각지에서 수많은 이가 거리로 나와 불의와 인종폭력에 대한 분노와 항의의 목소리를 높였습니다. 이 모든 일은 현재 위기 가운데서도 오늘날 우리의 상상력이 마냥 자기중심주의와 개인주의라는 가지로만 뻗어가지는 않음을 보여준다고 저는 생각합니다.

온라인 예배를 비판하는 소리, 그리고 전례를 중시하는 교회의 경우 온라인 성찬을 비판하는 소리가 들립니다. 교회가 공적 영역에서 차지하는 위치를 제한하고 사회에서 변화를 일구어내야 할 그리스도인의 소명을 가둔다는 이유로 말이지요. 신학적 견해가 어떻든 저는 저 비판들이 사실이라고 생각하지 않습니다. 오히려 온라인 공간에서 진행되고 있는 예배와 성찬은 지금껏 우리가 까마득히 잊고 있던 사실, 그동안 우리가 드렸던 예배를 어떤 이들은 얼마나 멀게 느꼈는지, 함께 할 수 없었는지를 여실히 보여주었다고 생각합니다. 그런 이들에게 온라인 예배는 말씀과 기도를 나눔으로써 의미 있는 공동체성을 경험하게 해주는 사건입니다.

한 친구는 제게 너무나 오랜 기간 교회는 병을 앓고 있든, 장애가 있든 어떤 이유든 수많은 이들이 교회에 직접 나올 수 없는 현실을 진지하게 고민하지 않았다고, 가끔 성직자가 그들을 방문하면 그걸로 족하다고 생각했다고, 코로나 위기를 맞이하고 나서야 교회가 이 문제를 생각하기 시작한 것은 다행인 일인지도 모른다고 쓴웃음을 지으며 말했습니다. 이제, 새롭고 창의적인 시도들이 일어나고 있습니다. 이런 시도들을 그저 잠깐 하는 일로 여기거나 여건상 어쩔 수 없이 해야 하는 '일시적인 일'로 여겨서는 안 됩니다. 새로운 기회, 새로운 출발로 보아야 합니다. 물론, 저는 예전처럼 함께 같은 물리적 공간에 모여서 시간을 함께할 수 있기를 간절히 바랍니다. 물질적 존재로서 물리적 공간과 시간을 나누는 것은 필수 불가결한 일입니다. 하지만 물리적으로 같은 공간에서 예배드리거나 성체를 함께 나누는 것이 제한된 이 때 우리는 두 가지에 집중할 수 있습니다.

첫째는 다양한 사람들을 널리 품어 안을 수 있는 새로운 길을 모색해야 합니다. 온라인에서 이루어지는 전례를 통해서 우리는 전례를 더 공적으로 드릴 수 있습니다. 훨씬 많은 사람에게 다가갈 수 있습니다. 잉글랜드 성공회가 국교회로서 아직 살아 있다고 뽐내는 방식이 아니라, 각자가 속한 지역에 맞게, 각자의 자리에서 창의적으로, 부족한 것들은 부족한 대로 안내하며 꾸준히 새로운 것들을 시도하는 그 모습에서, 우리 주변에 있는 사람들의 진짜 필요와 어려움에 귀를 기울이는 태도에서 사람들은 감명을 받습니다. 이와 관련해 우리의 시야는 조금은 더 넓어지고 있고 우리의 의식은 좀 더 또렷해지고 있습니다.

둘째는 어느 면에서 좀 더 까다롭습니다. 성찬은 단순히 성령을 통해 우리의 공동체성을 확인하는 일에 그치지 않습니다. 그저 사람들끼리 함께 모여 이를 즐기는 것은 더더욱 아닙니다. 과거를 보면, 동서방 교회를 막론하고 20세기까지만 해도 성체는 허락된 소수만 받을 수 있는 것이었습니다. 지금 와서 보면 이상하지만, 그때는 그랬습니다. 많은 이가 교회나 성당에 가서 하느님께서 펼치시는 구원 활동과 드라마를 그저 우러러보고 찬미할 뿐이었습니다. 이러한 현실은 성찬에 대한 왜곡된 이해를 낳았고 이는 (성찬을 집전하는) 성직자의 특권화, 성직자가 신자를 '지배'하는 현상을 낳았습니다.

요즘 온라인에서 이루어지고 있는 '영적 성찬'spiritual communion에 참여하다 보면 저는 성찬의 본질이 사라지지 않음을 깨닫게 됩니다. 이를 통해 참여자들은 예수를 통해 받게 되는 하느님의 헤아릴 수 없는 선물과 은총을 감지합니다. 오늘날 상황의 한계와 어색함과는 전혀 상관없이 여전히, 그리고 완전히 그 모든 것, 그 모든 활동에 하느님이 함께하심을 발견합니다. 이 모든 일이 다른 곳도 아닌 내 집에서 일어난다는 사실, 잠시에 그칠지도 모를 고요한, 침묵의 순간에 일어난다는 사실은 저에게 아주 단순한 진실, 교회 안과 밖을 아우르는 공동체적 삶에 관한 진실을 일깨워주었습니다. 그것은 바로 우리가 함께하는 삶, 우리 모두의 삶은 우리가 아니라 전적으로 하느님의 활동, 다른 이들을 통해 주신 선물에 의지하고 있다는 것입니다. 우리는 우리를 위해 활동하시는 주님, 이토록 선물을 내어주시는 주님을 그저 바라보고, 찬미하고, 감사드릴 수 있을 뿐입니다.

거듭 말하지만, 이것이 성찬의 전부는 아닙니다. 그리고 우리가 이를 온전히 체험하기 위해서는 물리적 공간에서 실제 빵과 포도주를 나누어야 합니다. 하지만 그렇더라도 온라인 예배와 성찬은 우리가 지금껏 보지 못하고 살피지 못했던 이들을 보도록 우리의 시야를 넓혀줍니다. 주님께서, 지금도 여전히 그 자리에 계시며 사랑으로 이 세계를 당신과 화해하도록 살피시고 이끄시고 계심을 기쁘고 감사한 마음으로 바라볼 수 있도록 도와줍니다. 그러니 이 시간이 지나, 우리가 다시 같은 성찬의 식탁에서 한 빵과 포도주를 나누는 때가 왔을 때 우리는 '공동체의 삶', '공적인 삶'이 진정으로 무엇을 의미하는지 조금은 더 분명하게 깨닫게 될지 모릅니다. 그리고 그렇게 된다면 과거 신앙의 선배들이 그리스도의 성체성혈 대축일에 무엇을 되새기려 했는지도 조금은 더 잘 이해하게 될 것입니다.

주의 변모. 변화산에서 일어난 사건을 담은 성화를 보십시오.
빛줄기를 따라가다 보면 그 빛이 예수의 중심에서
퍼져나오는 것을 알아차릴 수 있습니다.

13

조각상의 오만

육체가 원래 왔던 흙으로 돌아가고, 숨이 그것을 주신 하느님께로 돌아가기 전에,

네 창조주를 기억하여라. (전도 12:7)

캔터베리 대성당에 가면 성가대가 위치한 자리 근처에 캔터베리 대주교가 앉는 자리가 있습니다. 그 맞은편에는 15세기 캔터베리 대주교였던 헨리 치첼Henry Chichele의 묘비가 있습니다. 묘비 위쪽에는 예복을 잘 갖춰 입은 헨리 치첼을 묘사한 조각이 있고 아래쪽에는 벌거벗은 시체로 남은 헨리 치첼을 묘사한 조각이 있지요. 이 시기 만든 묘비들에서 자주 볼 수 있는 모습입니다. 좀 더 적나라하게 시체를 비집고 나오는 구더기들까지 묘사한 조각도 있습니다. 중세 후

기, 특히 흑사병이 창궐하던 시기 나온 묘비들은 흔히 이런 모습을 하고 있습니다. 아무리 화려하고 우아하고 명예를 뽐내며 살아왔더라도 결국 죽어 시체가 될 수밖에 없는 것이 인간이라는 진실을 이 묘비들은 말해주고 있습니다.

그러다 16세기에 들면서부터 변화가 일어납니다. 묘비나 무덤에 있는 조각상들은 이제 차분히 손을 모으고 누워 있기보다는 깨어 있고, 심지어는 살아서 활동하는 듯한 모습을 하기 시작했습니다. 조금 어색하다 싶을 정도로 우아하게 팔베개를 하고 비스듬히 누워 있는 조각상이 있는가 하면, 허리를 꼿꼿이 편 채 무릎을 꿇고 있는 조각상도 있습니다. 17세기 중반에 이르자 조각상들은 완전히 일어선 모습을 하게 되었습니다. 일어선 채로 뭔가를 가리키는 조각상, 고민에 잠긴 모습을 한 조각상들이 그 대표적인 예입니다. 런던에 있는 웨스트민스터 사원에 가면 18세기에 만들어진, 별의별 자세를 취하고 있는 조각상들과 그 밑에 길게 나열된 묘비문들을 볼 수 있습니다. 그래서 예전 빅토리아 시대 때 어떤 어린아이는 죽은 이들의 묘비와 조각상들을 보다가 이렇게 물었다고 합니다. "엄마, 죽은 사람들은 왜 다 훌륭한 사람들밖에 없어?"

1700년경부터 영국 문화는 조각상을 세워 부와 권력을 자랑하던 고대 그리스 시대의 관습을 새롭게 살려냈습니다. 사람들은 보는 이가 죽음과 심판을 기억하게 만드는 모골송연한, 섬짓한 묘비와 조각상이 아니라 세속적인 성공을 자랑하는 묘비와 조각상을 세우기 시작했습니다. 여러 상image들 가운데서도 조각상statue은 독특한 성격을 지니고 있습니다. 조각상은 누군가를 마치 냉동시킨 듯, 시간을 벗어나 한 자세만을 취하도록 고정시킵니다. 그렇게 함으로써 그의 생전 위치, 그가 세상에서 행사했던 영향력과 관계, 그와 관련된 신화도 고정시키려 합니다.

오늘날 몇몇 인물의 동상을 향해 사람들이 증오와 선망을 동시에 보이는 것도 이러한 맥락에서 이해할 수 있습니다. 이라크 전쟁이 끝난 뒤 사담 후세인Saddam Hussein의 거대한 동상을 무너뜨린 일이나 오늘날 영국과 미국에서 차별과 착취, 억압으로 쌓아 올린 부와 그 부를 보호하는 체제를 대표하는 인물들의 동상을 두고 격렬한 논쟁이 일어나는 이유도 같은 이유에서입니다. 저는 성난 군중이 동상을 마구 파괴하는 일을 바람직한 일로 여기지 않습니다. 과거의 특정 면모가 불편하다고 해서, 옳지 않다고 해서 이를 지우기를 부추기는 시도들은 무엇이든 경계해야 한다고 보기 때문입니다. 그러나 동시에 저는 사람들의 분노를 이해할 수 있습니다. 노예 무역을 통해 막대한 부를 쌓은 인물의 조각상, 그 인물의 덕망을 나열한 비문에는 대화의 여지가 없습니다. 애초에 그 조각상과 비문은 당시 사회를 떠받치는 통념을 대변한 인물을 향한 대중의 굳건한 지지를 표현하기 위해 만들어졌기 때문입니다. 당시 사람들은 자신들이 지지

하는 가치, 당시 사회를 돌아가게 만들었던 삶의 방식을 영속화하기 위해, 고정하기 위해 조각상과 묘비를 세웠습니다.

달리 말하면, 조각상은 다른 예술 작품들과는 달리 이야기를 하지 않습니다. 이야기에는 인물의 변화가 있습니다. 실패와 성공이 있습니다. 어느 면에서는 너무나 훌륭하면서도 다른 면에서는 형편없을 수도 있는, 살아 있는 인간과 삶의 복잡다단함이 있습니다. 요즘 회자되고 있는, 영국에서는 훌륭한 수상으로 평가받는 윌리엄 글래드스턴William Ewart Gladstone이나 위인으로 평가받는 인도의 간디Mohandas Karamchand Gandhi를 예로 들어보겠습니다. 두 인물 모두 인생의 전반부에는 지금 우리가 생각하면 끔찍하다고 여길 시각을 가지고 있었습니다. 글래드스턴은 노예 제도를 옹호했고, 간디는 남아프리카를 방문했을 때 흑인들에 대한 자신의 우월감을 표현한 적이 있습니다. 두 사람 모두 초기 자신들이 가졌던 견해에서 벗어나 성장했고 나중에는 억압받는 공동체들을 위해 탁월한 업적을 남겼습니다. 우리에게는 그 모든 이야기, 전체 이야기가 필요합니다. 그러나 조각상은 절대 그런 이야기를 주지 않습니다. 조각상의 표면은 꽉 막혀 있어 파고 들어갈 여지가 없습니다. 완결되었고 결정되었기에 오류를 인정할 여지가 없습니다.

바로 이 때문에 동방 그리스도교 전통에서 그리스도나 성인들의 조각상을 금하는 것이 아닐까 저는 짐작합니다. 조각상과 달리 성화

icon는 조각상처럼 3차원으로 밀봉한 대상이 아닌, 이 세계와 하느님께서 활동하시는 더 깊은 세계 사이에 있는, 저 더 깊은 세계를 보여주는 투명한 막입니다. 성인들의 성화는 초상화가 아니라 한 인간의 삶에서 하느님께서 어떻게 활동하셨는지를 보여주는 상징입니다. 피와 살을 지닌 한 인간의 현실, 그 아래서 타오르는 불길이 미치는 영향을 표현한 것입니다. 이 성화를 보며 우리는 완벽한 삶, 완결된 삶이 아니라 하느님의 손길이 끊임없이 빚어내는 삶을 봅니다. 그래서 성화에는 언제나 어떠한 움직임이 있습니다. 그리스도를 그린 성화도 마찬가지입니다. 이 성화를 통해 우리는 예수라는 인간의 형태를 입은 실재, 세계에 의미를 주는 빛의 근원을 봅니다. 주의 변모, 변화산에서 일어난 사건을 담은 성화를 보십시오. 빛줄기를 따라가다 보면 그 빛이 예수의 중심에서 퍼져나오는 것을 알아차릴 수 있습니다. 3차원의 조각상은 이를 담아낼 수 없습니다.

저는 번듯하게 서서 불의를 상징하는 조각상들을 무너뜨리고 싶어 하는 사람들의 심정을 충분히 공감합니다. 그리고 같은 맥락에서 아무리 탁월한 작품이라 할지라도 저는 조각상을 그리 좋아하지 않습니다. 수많은 조각상이 뿜어내는 자기애에 저는 불편함을 느낍니다. 하지만, 우리가 그토록 자랑스럽게 여기는 현대의 윤리 기준에 부응하지 못하는 모든 인간의 조각상들을 부서뜨리기 전에 반드시 잊지 말아야 할 점이 있습니다. 바로 그들도 우리와 같은 인간이었다는 사실 말이지요. 몇 가지 잘한 일이 있을지 몰라도 그들 역시 수많은 잘못을 저지른 인간이었습니다. 그들 역시 흠 없는 조각상처럼 완벽한 예술품, 완벽한 인간이 아니라 우리처럼 우여곡절을 겪었고 결국에는 죽음을 맞이해 시체가 된 인간, 그렇기에 우리처럼 똑같이 은총이 필요한 인간이었습니다.

우리는 조각상을 세우는 것이 아니라 이야기를 끊임없이 전해야 합니다. 그 이야기를 곱씹고 다시 전하는 법을 익혀야 합니다. 지금껏 침묵을 강요당한 목소리가 울려 퍼질 수 있는 공간을 만들어야 합니다. 우리가 당연하게 받아들인 권력과 질서, 힘의 흐름에 대해 다시 생각해 볼 수 있는 여백을 만들어야 합니다. 우리의 오류와 잘못을 직시하고, 그 오류와 잘못을 통해 우리 세계, 그 세계에서 우리 삶을 다시 빚어내며 또다시 배우는 작업을 우리는 결코 멈출 수 없으며 멈춰서도 안 됩니다. 과시와 권력이라는 표면 아래에는 연약함과 실패, 죽음의 그림자가 놓여 있습니다. 그리고 연약함과 실패, 죽음 아래에는 은총의 빛이 있습니다. 조각상을 둘러싼 옳고 그름을 따지는 논쟁이 멈추더라도 우리의 과제는 남습니다. 바로 은총의 빛에 우리 자신을 열어 심판받고 정의와 진실함과 긍휼의 삶으로 새롭게 거듭나는 것입니다.

거듭남은 그리스도께서 우리를 위해 드러내시는 진리를
감사 가운데, 기도 가운데 묵묵히 바라보는 데서 시작합니다.
다시 한번 말하지만 이를 몸에 익히는 일은
아주 오랜 시간에 걸쳐 일어납니다.

14

제2의 본성

마음을 새롭게 하여 새사람이 되십시오. 이리하여 무엇이 하느님의 뜻인지, 무엇이

선하고 무엇이 그분 마음에 들며 무엇이 완전한 것인지를 분간하도록 하십시오.

(로마 12.2)

최근 정부는 사회적 거리 두기를 완화할 수 있다고 발표했습니다. 사람들의 반응은 길버트W.S. Gilbert와 설리번Arthur Sullivan의 극《미카도》The Mikado에 나오는 표현을 빌리자면 "기쁘긴 한데 그렇다고 마냥 좋지만은 않은" 듯합니다. 우리 대부분이 진정 바라는 것은 이제 더는 공공장소에서 어떻게 행동해야 하는지 걱정하지 않아도 된다고, 이제 더는 사회적 거리 두기 따위는 의식하지 않아도 된다고 선언

하는 것이기 때문입니다. 하지만, 그렇게 되려면 아직 갈 길이 먼 것 같습니다.

우리 자신의 말과 행동을 늘 의식하는 것, 내가 실수하지는 않는지 예의주시하는 것은 피곤한 일입니다. 신문에 칼럼니스트들은 종종 "요즘 세상에서는 아무 말도 할 수 없다"고 투덜대곤 합니다. 예전 같았으면 아무렇지 않게 넘어갔을 편견을 담은 말이나 고정 관념을 강화하는 표현을 하면 즉각 반발에 부딪힌다는 뜻이겠지요. 말이나 표현을 점검하려고 부단히 노력하는 저 같은 사람도 어느 정도이에 공감합니다. 사회적 거리 두기를 잊지 않으려고 노력하는 일만큼이나, 사람들과 이야기를 나누거나 식사를 할 때 자신에게 익숙한 표현이나 말하는 방식을 의식하고 이를 수정하려 노력하는 일은 쉽지 않습니다.

그렇더라도 변화와 성숙은 가능합니다. 시간이 좀 걸릴 뿐입니다. 익숙했던 습관들도 어느 시점이 되면 낯설어 보일 때가 있습니다. 그리고 익숙하지 않았던 새로운 행동, 새로운 관점도 자연스럽게 다가올 때가 있습니다. 어쩌면 지금처럼 서로 조심하고 서로에게자리를 내어주고, 민폐를 끼치지 않으려고 서로 노력하는 이런 모습들이 시간이 지난 후에 돌아보면 변화한 세상에서 서로를 좀 더 아끼기 위해 필요한 새로운 습관을 받아들이고 익히는 일종의 과도기였다고 생각하게 될지도 모르겠습니다. 마치 교통 법규가 바뀌면 모든 사람이 새로운 규칙을 배우고 다시금 습관을 만들어야 하는 것처럼 말이지요. 시간이 지나면, 이런 습관들을 우리는 의식하지 않게 되고 자연스럽게 받아들이게 됩니다. 이를 완전히 몸으로 익히고 행동해야 서로 좀 더 가까워지고 신뢰하며 살 수 있기 때문입니다.

사도 바울은 로마인들에게 보낸 편지에서 말합니다.

> 마음을 새롭게 하여 새사람이 되십시오. 이리하여 무엇이 하느님의 뜻인지, 무엇이 선하고 무엇이 그분 마음에 들며 무엇이 완전한 것인지를 분간하도록 하십시오. (로마 12:2)

이후 편지에서 그는 "마음을 새롭게 하여 새사람"이 된다는 말이 무슨 뜻인지를 분명하게 보여줍니다. 그는 새로운 습관을 익혀야 한다고, 다른 사람을 밟고 높은 자리로 올라가려는 욕망을 버려야 한다고, 분노와 경쟁심을 줄여야 한다고 말합니다. 결국 "마음을 새롭게 하여 새사람"이 되는 것은 이러한 습관들이 우리 몸에 제2의 본성이 되게끔 성장하는 과정입니다. 이 과정을 통해 우리는 어떤 상태로 조금씩 나아갑니다. 내 용기와 지혜로 만사를 바로 잡겠다는 욕망, 내 힘으로 풀어 보겠다는 욕망에서 자유롭게 되어 내 지위에 대해 염려하지 않고 내 주위에 있는 사람들의 현실적, 심리적 필요에 깊은 관심을 기울이게 됩니다. 바울이 말한 우리가 그리스도 안에서 사는 것, 우리 안에 그리스도께서 살게 하는 것은 바로 이를 가리킵니다. 그리스도께서는 무한히, 기꺼이, 그분만의 방식으로 이 세계를 이루는 모든 차원에 존재하는 필요에 관심을 기울이십니다.

이러한 상태로 나아가는 것, 자라는 것은 길고도 고통스러운 작업입니다. 저는 지금 이 글을 성 세례요한의 탄생 축일 바로 전날에 쓰고 있습니다. 교회력에 따른 성 세례요한 탄생 축일의 본기도는 다음과 같습니다.

> 전능하신 하느님, 세례 요한을 주님의 섭리 가운데 탄생하게 하시고, 회개의 세례를 선포하여 그리스도의 길을 예비하게 하셨나이다. 비오니, 우리가 그의 가르침과 거룩한 생활을 따라 진실로 회개하여 항상 진리를 말하고 담대히 불의를 꾸짖으며 진리를 위한 모든 고난을 견디게 하소서. 성부와 성령과 함께 한 분 하느님이신 우리 주 예수 그리스도의 이름으로 기도하나이다. 아멘.

"진리를 위한 모든 고난을 견디게" 해달라고 기도할 때, 여기서 말하는 진리란 인간이 함께 풍성하게 사랑과 기쁨을 누리는 세상을 향한 하느님의 영원한 약속이라고 저는 믿습니다. 우리는 우리에게 익숙한 것은 무엇이든 당연한 것으로 받아들이기 마련입니다. 그러나 내가 당연하다고 여기는 것들이 내 옆에 있는 이의 인간으로서 지닌 가치와 존엄성, 그의 삶을 깎아내리게 한다면 그것들은 심각한 거짓입니다.

거듭남은 그리스도께서 우리를 위해 드러내시는 진리를 감사 가운데, 기도 가운데 묵묵히 바라보는 데서 시작합니다. 다시 한번 말하지만 이를 몸에 익히는 일은 아주 오랜 시간에 걸쳐 일어납니다. 그러나 주변을 보면 이를 받아들여서 세심함과 인자함이 제2의 본성으로 자리 잡은 분들을 분명하게 볼 수 있습니다. 그분들을 보며 우리도 자연스럽게 곁에 있는 이들의 필요에 관심을 기울이는, 불평과 불만을 멈추는 데서 나아가, 언젠가는 조금은 기쁜 마음으로 그들과 함께 어울리며 살아가는 그런 사람으로 거듭나기를 바라고 또 소망합니다.

걷는 묵상은 하느님을 향해 이 세계의 지표면을 걷는 일입니다.
이를 통해 우리는 '길'이신 예수 안에서 우리가 걷는 모든 발걸음이
만물의 근원이신 분으로 돌아가는 여정의 일부임을 되새깁니다.

15

걷는 묵상

사랑하는 여러분, 나는 나그네와 거류민 같은 여러분에게 권합니다. 영혼을 거슬러

싸우는 육체적 정욕을 멀리하십시오. 여러분은 이방 사람 가운데서 행실을 바르게

하십시오. 그렇게 해야 그들은 여러분더러 악을 행하는 자라고 욕하다가도, 여러분

의 바른 행위를 보고 하느님께서 찾아오시는 날에 하느님께 영광을 돌릴 것입니다.

(1베드 2,11~12)

책장을 정리하다 보면 예상치 못한 물건들을 발견할 때가 있습니다. 저도 얼마 전, 이사를 준비하면서 책장을 정리하다 그런 경험을 했습니다. 그중 한 가지 물건과 관련된 이야기를 여러분과 나누어보고자 합니다. 교회에서 함께 모이기를 기다리는 이 시점에서 함께

생각해 볼 만한 주제라고 생각하기 때문입니다.

　1년 반쯤 전, 저는 한 회의에 참석하기 위해 스웨덴에 간 적이 있습니다. 저를 초청한 분들은 눈 덮인 공항까지 마중 나와주셨지요. 우리는 식사를 하러 린셰핑이라는 도시에 갔습니다. 회의 장소로 가는 길에 그분들은 제게 혹시 마틴 론네보Martin Lonnebo 주교를 아는지 물었습니다. 처음 듣는 이름이었습니다. 그분들은 제게 그분은 현재 90세를 넘기셨으며 스웨덴 사람들의 존경을 받는 분이라고, 특히 1980년대 린셰핑의 주교로 계실 때에는 커다란 영적 영향력을 발휘하셨다고 이야기해주었습니다. 론네보 주교님의 가장 커다란 유산은 사실 그분이 주교직에서 은퇴하신 후 벌이신 일입니다. 은퇴 후 그분은 '삶의 구슬'Pearls of life라는 묵주를 활용한 단순한 기도양식을 창안하셨습니다. 중세에 건축된 아름다운 린셰핑 대성당은 이 기도양식을 차용해 신자들이 묵상을 하며 성당 주변을 거닐 수 있는 산책로를 만들었습니다. 산책로에는 일정 간격을 두고 보석이 박혀 있는데, 이 보석들을 기점으로 사람들은 걸음을 멈추고 묵상하는 시간을 가질 수 있습니다. 대성당은 이 산책로에 '비아 사크라'Via Sacra, 대성당을 관통하는 '거룩한 여정'이라는 이름을 붙였습니다.

　여정은 '하느님 구슬'pearl of God에서 시작됩니다. 영원하면서도 언제나 우리와 한없이 가까이 계시는 하느님, 당신의 빛을 우리에게 비추시는 하느님을 깨닫는 데서 여정은 출발합니다. 그다음 만나는 진주는 '나 구슬'I-Pearl입니다. 이곳은 세상에서 일어나는 모든 일을 겪을 수밖에 없는, 그렇지만 결국에는 흙으로 돌아갈 수밖에 없는 여러분과 저를 상징합니다. 이후 세례, 침묵, 사막, 더 깊은 침묵, 사랑, 신비, 밤, 새벽 그리고 부활이 차례로 이어집니다. 각 기점에는 묵상하는 데 도움을 주기 위해 성서나 스웨덴 성가에서 따온 글귀들이 있습니다. 그중 '하느님의 마음'God's Heart이라고도 부르는 '사랑 구슬'Love Pearl에는 이런 글귀가 있습니다.

십자가, 온 우주에 존재하는 가장 깊은 사랑의 징표

하늘 동서남북에서 불어오는 바람이 만나는 그곳.

생명의 나무가 다시 심기는 그곳.

복된 열매가 맺히는 바로 그곳.

십자가는 태어날 때부터 죽을 때까지 우리를 영원으로 인도하네.

세례에서 생명의 징표를 받은 우리.

한 빵을 떼며 생명을 받아 어떻게 살아야 할지 다시 깨닫네.

서재를 정리하면서 저는 린셰핑 대성당을 방문했을 때 받은 소책자에서 이 글귀를 다시금 발견했습니다. 소책자를 읽으며 우리 교회와 이번에 새롭게 교회 뒤편에 복원된 14처 십자가의 길에 대해 생각해 보았습니다. 그리고 건물과 개인 기도를 연결하는 것이 얼마나 중요한지도 생각해 보았습니다. 여느 종교 전통처럼 그리스도교 전통에서도 찬찬히 걸으면서 묵상하는 일은 아주 오래된 전통입니다. 우리도 교회 건물 주위를 묵상하며 걸음으로써 교회 건물을 더욱 의미 있는 공간으로 만들 수 있습니다. 사회적 거리 두기가 계속되는 지금과 같은 상황에서는 더욱 깊은 묵상이 가능할 수도 있습니다. 이런 식의 거룩한 여정은 여느 산책로에서도, 집에서도 할 수 있습니다. 공간이 협소하다면, 로마 가톨릭 교회에서 사용하는 묵주나 정교회에서 사용하는 기도줄, 론네보 주교님이 창안한 '기도 구슬' 등을 활용할 수도 있습니다.

걷는 묵상은 하느님을 향해 이 세계의 지표면을 걷는 일입니다. 이를 통해 우리는 '길'이신 예수 안에서 우리가 걷는 모든 발걸음이 만물의 근원이신 분으로 돌아가는 여정의 일부임을 되새깁니다. 이 길을 따르기 위해서 꼭 대성당에 마련된 산책로를 걸을 필요는 없습니다. 집에서 각자의 방식으로 거룩한 여정을 걸을 수 있습니다. 거룩한 여정은 가장 평범하고 일상적인 일과 연결되어 있기 때문입니다. 성지순례를 떠나서, 새로운 창조세계 안에서 시작될 새롭고 고양된 삶을 미리 경험할 수도 있습니다. 교회 주변에 공간을 마련하고, 그 공간을 느긋하면서도 어여삐 여기는 마음으로 걸으며 교회 건물과 더불어 말하고 노래하는 순간을 경험할 수도 있습니다.

14처 십자가의 길이든, 미로迷路, Labyrinth든, 그 무엇이든 중요한 것은 우리의 교회 건물들이 사람들을 초대할 수 있도록 숨 쉴 수 있게 하는 것입니다. 교회는 단순히 예배를 드리기 위해 필요한 건물이 아닙니다. 교회는 하느님을 발견하는 여정에 참여하게 모두를 초대하는 공간입니다. 교회는 사람들이 세상의 모든 공간, 모든 장소에 사랑의 하느님이 함께하심을 감지할 수 있도록 사람들 마음에 공간을 열어젖히는 곳이 되어야 합니다. 린셰핑 대성당의 순례길은 이런 글귀로 끝맺습니다.

이제 남은 것은 여러분의 삶을 귀하게 여기는 여정입니다.

이 여정을 통해 여러분 모두가

이 땅에서 여러분이 받은 소명을 따르는 일에 더 충실해지기를,

동시에 끝없는 하느님의 사랑에 좀 더 깊이 들어가기를.

우리가 속박에서 벗어나는 자유를 갈망하는 이유는 결국
사랑할 수 있는 공간을 마련하기 위해서입니다.
우리가 자의적인 권력에 저항한다면 그것은 그 권력이
사랑이 숨 쉴 수 있는 공간을 허락하지 않기 때문이며,
사랑을 짓누르기 때문입니다.

16

참된 권력

너희가 나의 말을 집으로 삼는다면 너희는 참된 나의 제자가 될 것이다.

너희는 진리를 배우게 될 것이며 그 진리는 너희를 자유롭게 할 것이다. (요한 8:31~32)

7월 중 잉글랜드 성공회에서는 토머스 모어Thomas More와 존 피셔 John Fisher를 기념하는 날을 정해두었습니다. 누군가는 잉글랜드 성공회가 탄생하는 것을 막기 위해 목숨을 바친 두 사람을 왜 잉글랜드 성공회에서 기념하느냐고 반문할지 모릅니다.

두 사람 모두 헨리 8세Henry VIII에 의해 처형당했습니다. 교회를 완전히 왕의 권위 아래 두려는 헨리 8세의 정책과 그의 재혼을 반대했기 때문이지요. 두 사람을 오늘날 기준으로 개인의 양심을 지키기 위해 기꺼이 목숨을 바친 영웅으로 보는 것은 타당하지 않습니다. 그들은 모두 개인의 양심과 자유 따위는 초자연적인 계시에 따라 얼마든지 희생할 수 있다고 여겼습니다. 토머스 모어는 권력을 쥐고 있던 시절 수많은 이단자를 한 치의 망설임도 없이 모조리 처형했습니다.

그렇다면 도대체 왜 잉글랜드 성공회는 저 두 사람을 기념하는 것일까요? 게다가 잉글랜드 성공회는 헨리 8세 뒤를 이어 왕위에 오른 메리Mary 치하에서 처형당한 이들도 기념합니다. 헨리 8세의 딸이었던 그녀는 아버지와는 정반대로 교황과 로마 가톨릭 교회를 거부하던 이들을 처형했습니다. 그러니 잉글랜드 성공회는 전혀 다른 이유로 죽은 이들을 함께 기념하고 있는 것입니다. 당사자들도 달가워하지 않을 텐데 왜 그러는 것일까요? 무엇을 믿든 간에, 자신들이 믿는 바를 지키며 죽었던 사람들의 용기를 기리고자 하는 걸까요? 그 믿는 바가 무엇이든 상관없다는 걸까요? 여기에는 좀 더 깊은 의미가 있습니다. 옛말에 이런 말이 있습니다.

이단도 옳은 것은 긍정한다.
그러나 이단이 이단인 이유는
그르지 않은 것도 그르다고 하기 때문이다.

충분히 일리 있는 말이지요. 그러나 저는 이를 바꾸어 말하고 싶을 때가 있습니다. 종종 사람들은 정말 그른 것을 그르다고 할 때도 있다고 말입니다. 종교개혁 시대에 벌어졌던 다툼, 고통스러운 사건들을 보면 특히 그렇지요. 토머스 모어와 존 피셔는 누구도 왕권에 도전하지 못하도록 교회조차 통치자 혹은 정부의 통제 아래 두려는 시도를 그르다고 했습니다. 토머스 크랜머Thomas Cranmer를 비롯한 종교개혁 지지자들은 신약성서의 가르침에 근거하여 정당하게 제기하는 비판들조차 깡그리 무시하는, 중세로부터 이어져 온 교회의 위계질서와 권위적인 체제가 그르다고 했습니다. 그들은 모두 어떠한 질문도 허락하지 않는 권력을 그르다고 거부했던 것입니다.

물론 그들이 그르다고 한 것이 잘못되었다고 해서 그들이 긍정한 것이 모두 옳았다는 이야기는 아닙니다. 그들이 긍정했던 것 중에는 문제가 있는 것들이 분명 있었습니다. 토머스 모어와 존 피셔의 경우를 보자면 그들은 왕의 자의적인 권력 남용을 저지할 유일한 수단은 오직 강력한 교회의 위계질서뿐이라고 믿었습니다. 영국의 종교개혁가들은 교황의 횡포에 저항할 유일한 수단은 왕의 절대권력뿐이라고 믿었습니다.

그렇다면, 두 입장이 긍정했던 것이 실은 모두 그른 것이었다고 볼 수는 없을까요? 어느 영역에서 위에서 찍어 누르는 자의적인 권력을 거부하거나 반대하는 것이 모든 영역에서 일어나는 같은 방식의 권력 또한 거부하거나 반대하는 것을 뜻한다면 어떨까요? 신약성서에서 '권력(권세)'이라는 말은 대부분 용서할 자유, 치유할 자유, 해방할 자유와 관련이 있습니다. 아니면 요한복음 1장에 나오는 멋진 표현처럼 "하느님의 자녀가 될 특권(권세)"이라고 말할 때 쓰이지요.

> 참 빛이 있었다. 그 빛이 세상에 와서 모든 사람을 비추고 있다. 그는 세상에 계셨다. 세상이 그로 말미암아 생겨났는데도, 세상은 그를 알아보지 못하였다. 그가 자기 땅에 오셨으나, 그의 백성은 그를 맞아들이지 않았다. 그러나 그를 맞아들인 사람들, 곧 그 이름을 믿는 사람들에게는, 하느님의 자녀가 되는 특권을 주셨다. (요한 1:9~12)

이러한 형태의 권세, 권력은 권력을 휘두르는 이 외의 모든 이를 옭아매고 짓누르는 그러한 힘이 아닙니다. 오히려 신약성서가 말하는 권세는 속박을 풀어내는 힘, 속박에서 벗어나는 힘입니다. 봉쇄령에서 조금씩 벗어나고 있는 요즈음 우리는 속박에서 벗어난다는 것이 무엇인지, 자유롭게 움직이고 탐구하고 성장한다는 것이 무엇인지를 좀 더 생생하게 감지할 수 있게 되었습니다. 물론 속박을 받아들여야 할 때도 있습니다. 최근 몇 달이 그러한 시간이었지요. 그러나 그러한 와중에도 우리는 과연 이 속박이 정말 필요한 것인지, 더 참된 자유를 이루기 위해, 치유하고 해방하는 자유를 이루기 위해 어떤 일을 함께 해야 하는지 고민해야 합니다. 우리가 속박에서 벗어나는 자유를 갈망하는 이유는 결국 사랑할 수 있는 공간을 마련하기 위해서입니다. 우리가 자의적인 권력에 저항한다면 그것은 그 권력이 사랑이 숨 쉴 수 있는 공간을 허락하지 않기 때문이며, 사랑을 짓누르기 때문입니다.

토머스 모어, 존 피셔, 토머스 크랜머, 윌리엄 틴들William Tyndal 등 종교개혁 시기 두 진영을 대표하는 이들이 목숨을 잃은 이유는 바로 그러한 권력의 노골적인 요구에 저항할 수밖에 없었기 때문입니다. 그들은 자신들이 반대한 그 권력이야말로 하느님의 자유로운 사랑에 맞서는 가장 큰 적이라고, 우리를 하느님의 형상 안에서 다시금 창조해내는, 이 세계를 다시금 새롭게 빚어내는 하느님의 은총을 거스르는 가장 커다란 반역자라고 확신했습니다. 종교개혁이라는 위대한, 한편으로는 비극적인 논쟁에서 서로 반대하는 진영에 섰던 그리스도인들을 함께 기념하고 축하하는 일은 일견 이상해 보일지 모릅니다. 어떤 이들은 이러한 모습이야말로 전형적으로 성공회다운 양다리 걸치기라고 말할지도 모르겠습니다. 그러나 우리가 이들을 기념하는 이유는 신앙인으로서 우리가 무슨 수를 써서라도 반드시 부정해야 하는 것이 무엇인지를 되새기기 위해서입니다. 우리는 두려움 위에서 (궁극적으로는 너무나도 나약하기에) 행해지는 권력, 그리하여 어떠한 도전과 질문도 마주하기를 거부하는 모든 권력을 거부해야 합니다. 저항해야 합니다.

인간이 지닌 참된 권력은 '자기 자신을 내려놓는' 자유입니다. 러셀 호번Russell Hoban은 핵전쟁 이후 영국을 다룬 소설 『리들리 워커』Riddley Walker에서 이를 탁월하게 다룬 바 있습니다. '자기 자신을 내려놓는', '다른 이들을 위해 길을 터주는' 자유, 그렇게 함으로써 치유하시고 해방하시는 하느님께서 활동하실 수 있게끔 흔쾌히 길을 내어주는 자유야말로 인간이 행사할 수 있는 참된 권력입니다. 모든 순교는 바로 이를 증언합니다. 그토록 냉혹했던 토머스 모어조차 화형대에서 자신과 자신을 처형하고 있는 이들이 "천국에서 기쁘게 만날 수 있기"를 기도했습니다. 치유의 희망을 품고 눈을 감았던 것입니다.

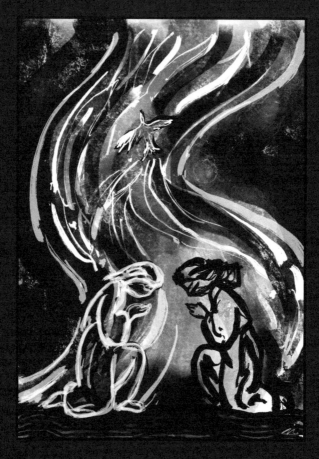

하느님을 향해 돌아갈 때 우리의 너울은 벗겨질 수밖에 없습니다.
그때 우리는 사회적 가면을 통제하려는 욕구, 체면을 세우려는 욕구,
세상에 내가 원하는 얼굴을 비추려는 욕구를 버려야 합니다.
하느님 앞으로 나아가기 위해 우리는 이 얼굴을 내려놓아야 합니다.

17

우리의 얼굴

"사람이 주님께로 돌아서면, 그 너울은 벗겨집니다." 주님은 영이십니다. 주님의 영이 계신 곳에는 자유가 있습니다. 우리는 모두 너울을 벗어버리고, 주님의 영광을 바라봅니다. 이렇게 해서, 우리는 주님과 같은 모습으로 변화하여, 점점 더 큰 영광에 이르게 됩니다. 이것은 영이신 주님께서 하시는 일입니다. (2고린 3:16-18)

지난 2주 동안 남는 시간에 저는 C.S. 루이스C.S.Lewis가 쓴 편지 모음집을 읽었습니다. 이번 주에는 그의 마지막 소설인 『우리가 얼굴을 찾을 때까지』Till We Have Faces의 창작 과정을 기록한 편지들을 읽었지요.

『우리가 얼굴을 찾을 때까지』는 그가 쓴 다른 책들과는 사뭇 다른 책입니다. 에로스와 프시케에 관한 고대 그리스 신화를 재구성한 이 소설은 아름다운 프시케(그리스어로 '영혼'soul을 뜻합니다)가 어떻게 에로스(그리스어로 '신적 사랑'divine love을 뜻합니다)와 사랑에 빠지게 되었는지, 자신을 질투한 언니들의 꼬드김에 넘어가 어떻게 에로스를 배신하는지, 다시 에로스를 찾기 위해, 그리고 그와 화해하기 위해 어떠한 고난과 역경을 겪는지를 다룹니다. 이 이야기는 명백히 우의 allegory입니다. 하지만 루이스는 이 우의적인 이야기를 상당한 영적 울림을 주는 이야기로 바꿀 뿐 아니라 그 자체로 대단히 감동적이고 개연성 있는 서사narrative를 창조해냅니다. 그는 프시케의 이복 언니 오루알의 눈을 빌려 이야기를 풀어내는데, 루이스가 여성의 눈을 빌려 이야기를 쓴 소설은 이 작품이 유일합니다. 루이스가 고리타분하며 여성을 혐오한다고 생각하는 이들이라면 이 작품을 읽고 다시 생각해 보아야 합니다.

여기서 소설 전체 내용을 요약하지는 않겠습니다. 다만 이 소설의 창작과정과 관련된 루이스의 편지를 읽으며 제 눈에 들어온 부분이 있습니다. 편지에서 루이스는 책의 제목을 두고 출판사와 논쟁을 벌입니다. 그는 제목을 '민낯'Bareface으로 짓고 싶어 했지만 출판사는 반대했지요. 결국 루이스는 마지못해 지금 우리가 알고 있는 제목을 붙이는 데 동의합니다. 그가 제목을 '민낯'으로 정하려 했던 이유는 이 소설을 통해 우리가 얼마나 우리 자신의 참된 얼굴, 참된 모습을 마주하는 것을 거부하는지를 이야기하고 싶었기 때문입니다. 우리가 (소설에 화자로 등장하는 프시케의 언니처럼) 낯설고 기이하고 두려운 하느님의 사랑을 감지한 이를 조롱하고 질투한다면, 이는 다름 아니라 우리가 무엇을 진정으로 원하는지, 무엇을 진정으로 필요로 하는지 모르기 때문은 아닐까요? 우리가 우리 자신을 알지 못한다면 어떻게 하느님이 어떤 분이신지, 그분이 밝히시는 진리가 무엇인지 알수 있을까요? 어떻게 "우리가 얼굴을 찾을 때까지" 그분의 얼굴과 마주할 수 있을까요?

우리는 종종 "세상에 내세우는 우리의 얼굴"에 대해 말합니다. '체면을 차린다'거나, '얼굴을 들 수 없다'거나 '사회적 가면을 쓴다'고 이야기합니다. 이러한 표현들은 하나같이 우리의 '얼굴'은 내가 갈고 닦을 수 있는 것, 갈고 닦아 내가 보여주고 싶은 부분만 보여줄 수 있는 것이라고 전제합니다. 우리는 우리의 얼굴이 우리를 '배신' 하지 않기를 바랍니다. 그러나 사도 바울의 표현을 빌려 말하면, 우리가 하느님께로 돌아설 때 우리의 "너울은 벗겨집니다". 그분 앞에서 우리는 어떠한 종류의 얼굴도 내세울 수 없습니다. 그분과 마주해 우리는 맨몸으로 설 수밖에 없습니다. 이를 받아들이기란 고통스럽습니다. 우리가 참된 자신의 모습을 받아들이기보다는 내가 만들어낸 환상의 얼굴만을 끔찍이 예뻐한다는 사실을 인정하기란 수치스러운 일입니다. 그렇다 할지라도 우리는 이 진실에 조금씩 익숙해지도록 노력해야 합니다. 그러는 가운데 우리는 서로를 좀 더 이해하고, 더 높은 차원에서 서로를 정직하게 받아들일 수 있습니다. 서로 의지할 수 있습니다.

코로나 시국에서 마스크 쓰기를 의무화하는 것과 관련해 많은 사람이 민감하게 반응하는 듯합니다. "누구도 나에게 이래라저래라할 수 없어"라며 어리석게 반응하는 이는 거의 없지만, 그렇더라도 많은 이가 마스크로 얼굴을 가리는 데 불편함을 느낍니다. 마스크를 쓰니 다른 사람의 표정을 '읽을 수'가 없습니다. 얼굴을 가릴 수밖에 없는 상황에서 우리는 어떻게 해야 적절하게 우리 자신을 드러낼 수 있을까요?

물론, 마스크를 쓰는 것은 어색하고 불편한 일입니다. 그러나 한편 저는 마스크로 얼굴을 가리게 됨으로써 우리가 상대가 무슨 말을 하는지 좀 더 관심을 기울이고 상대의 얼굴만이 아니라 몸짓을 포함해 상대가 진정으로 하고자 하는 말 전체를 볼 기회를 얻게 되었다고 생각합니다.

언젠가 저는 이슬람 단체에서 운영하는 한 기관에서 강의를 한적이 있습니다. 청중에는 얼굴을 가린 여성도 많이 있었습니다. 어느 정도 시간이 지나자 그들의 눈동자의 움직임과 손짓이 눈에 들어오기 시작했습니다. 다른 때 같으면 얼굴을 보며 파악했을 것들을, 곧 그들이 제 강의를 지루해하는지, 아니면 흥미롭게 듣고 있는지,

공감하고 있는지, 아니면 그다지 공감하지 않는지를 눈동자의 움직임과 손짓 등 다른 경로를 통해 알 수 있었습니다. 사실 모든 대화는 말과 표정만으로 이루어져 있지 않습니다. 대화할 때 우리는 상대의 말과 얼굴만이 아니라 훨씬 더 많은 것을 보고 듣습니다.

마스크로 얼굴을 가리는 것은 인간과 인간 사이에 이루어지는 소통이 얼마나 다양하고 놀라운 면을 지니고 있는지를 일깨워 줄 수 있습니다. 흥미롭게도 그렇게 될 수 있는 이유는 마스크로 인해 우리는 더 연약한 존재가 되기 때문입니다. 이러저러한 표정을 지어 의중을 명확하게 전달할 수 없는 상황에서 우리가 자신의 의중을 얼마나 '드러내는지' 스스로 잘 알지 못한다는 점에서 그렇습니다.

때때로 마스크를 쓸 때 우리는 더 우리의 '민낯'을 드러낼지 모릅니다. 하느님을 향해 돌아갈 때 우리의 너울은 벗겨질 수밖에 없습니다. 그때 우리는 사회적 가면을 통제하려는 욕구, 체면을 세우려는 욕구, 세상에 내가 원하는 얼굴을 비추려는 욕구를 버려야 합니다. 하느님 앞으로 나아가기 위해 우리는 이 얼굴을 내려놓아야 합니다. 그분 앞에 나아갈 때 우리는 얼굴이 아니라 온몸으로 나아갑니다. 그분께서 함께 계심을 느끼며 우리는 온몸으로, 무릎을 꿇고 침묵 속에서 때로는 손을 들어, 때로는 하늘을 바라보며 그분에게 말을 건넵니다. 우리가 서로를 향해 자기가 내세우고픈 얼굴을 내세우기보다는 육체를 지닌 서로에게, 존재 전체에 온전히 관심을 기울일 때, 예배를 통해 하느님께서 우리와 함께하심을 편안히, 온몸으로 느낄 때, 그때 우리는 비로소 우리가 우리 자신을 드높이기 위해 만든 가면을 내려놓는 자유를 익힐 수 있습니다. 우리가 얼굴을 찾을 때까지.

말씀은 하느님의 변함 없고 다함 없는 생명의 참모습입니다.
그리고 이를 하느님께서는 당신의 피조물과 나누십니다.

18

세계와 집

태초에 '말씀'이 계셨다. 그 '말씀'은 하느님과 함께 계셨다. 그 '말씀'은 하느님이셨다. 그는 태초에 하느님과 함께 계셨다. 모든 것이 그로 말미암아 창조되었으니, 그가 없이 창조된 것은 하나도 없다. 창조된 것은 그에게서 생명을 얻었으니, 그 생명은 사람의 빛이었다. (요한 1:1-4)

최근 뉴스에서 중요한 고고학적 자료를 발견했다고 보도했습니다. 아메리카 대륙에서 호모 사피엔스가 존재했던 시기가 지금까지 추정했던 것보다 수천 년은 더 앞설 수 있음을 뒷받침하는 증거들이 발견되었다는 것입니다. 이를 뒷받침할 결정적 증거인 DNA 증거는 현장에서 나오지 않았지만, 그 대신 고고학자들은 지성을 지닌 존재들이 의도적으로 만들었다고 볼 수밖에 없는 도구들을 발견했습니다. 이를 통해 우리는 그곳에 살던 이들이 자신들이 살던 세계를 좀 더 자신들이 속한 집처럼 만들고자 주변 환경을 변화시킬 수 있는 기술을 익히고 있음을 알 수 있습니다.

인간이 존재함을 보여주는 징표가 다름 아닌 변화를 일구어내려는 시도의 흔적이라는 사실은 의미심장합니다. 이는 인간이 다른 인간에게 할 수 있는 가장 나쁜 일은 변화를 일구어낼 자유를 좌절시키는 일임을 우리에게 상기시켜 줍니다. 이 세계에 있는 무언가를 가지고 이 세계를 자신이 속한 집처럼 만들고자 시도할 수 있는 자유와 기회를 앗아가는 일이야말로 가장 비인간적인 행동입니다. 제가 몇 년 전 읽은 책에서 어느 신학자는 이를 두고 인간이 하는 모든 일은 자신이 속한 세계를 자신에게 속한 세계로 바꾸는 과정이라고 말한 바 있습니다.

이 말은 다소 오해를 낳을 수 있는 표현입니다. 우리가 우리를 둘러싼 환경에 속하지 않은 것 같은, 세계가 인간처럼 우리에게 속할 수 있는 듯한 인상을 주기 때문입니다. 물론, 이러한 오해를 낳지 않기 위해 신학자는 저 과정이 일종의 정원을 가꾸는 것과 같다고 이야기합니다. 정원은 무조건 땅을 파 식물을 심는다고 가꿔지지 않습니다. 정원을 가꾸려면 내가 속한 세계 안팎이 어떠한지를 배워야 합니다. 자연과 자연에 속한 생명체들이 따르는 흐름을 익혀야 합니다. 그래서 가장 작은 씨앗이 내 손을 거쳐 자연에 속하면서도 동시에 새로운 무언가로 자라나게 함께 해야 합니다.

조용히 나를 둘러싼 자연에 관심을 기울이며 흙과 식물과 대기가 어떠한지를 느끼는 법을 익힐 때만 의미 있게 이어지는 어떤 변화를 일구어낼 수 있습니다. 기존 자연환경을 전혀 고려하지 않은 건설이, 생태계 균형을 고려하지 않고 무심코 외래종을 들여오는 일이 얼마나 끔찍한 일을 낳았는지를 우리는 이미 잘 알고 있습니다(근래에는 호주에서 황소개구리가 들어온 뒤 일어난 생태계 파괴를 그 예로 들 수 있겠습니다).

우리가 변화를 일으키려 하는 대상이 동료 인간이라면 이야기는 훨씬 더 복잡해집니다. 지난 몇 달 동안 위기를 겪는 가운데 우리는 인간의 행동을 변화시키려면 어떤 메시지와 대책, 위협과 약속이 필요한지 생각해 보아야 했습니다. 이와 관련해 정치, 사회 영역의 지도자들이 우왕좌왕하는 모습을 보이는 것도 그리 놀라운 일은 아닙니다. 그만큼 심각하고 거대한 규모로 이루어지고 있는 문제와 맞닥뜨리고 있으니 말이지요. 비단 이 위기 상황이 아니더라도 우리는 다양한 측면에서 서로를 변화시키려 부단히 노력합니다. 우리는 상대가 나처럼 생각하도록 설득하려 합니다. 상대가 내가 보는 대로 보기를 바라고, 나, 혹은 상대를 위협하지 않는 방식으로 행동하게 만들고 싶어 합니다. 상대를 좀 더 내가 원하는 방향으로 움직여 내가 좀 더 편할 수 있게 하려 합니다. 환경을 좀 더 내가 속한 집처럼 만들려 합니다. 그러나 이 일과 관련해 우리는 동굴에서 살던 우리 선조들보다 크게 나아가지 않은 듯할 때가 종종 있습니다.

행동이 정말 의미 있게 변화할 수 있도록 하려면 그 변화를 통하여 도달하려는 목표가 정말로 우리가 모두가 사랑할 만한 가치가 있는 것, 그렇기에 우리 모두에게 기쁨을 주리라는 믿음을 줄 수 있어야 합니다. 정치인들과 광고 회사도 이를 알고 온갖 정책과 광고로 우리를 유혹하지요. 하지만 그렇다 하더라도 사실은 변하지 않습니다. 우리가 행동하는 이유는 무언가를 원하기 때문입니다. 인간이 된다는 것은 곧 무언가를 갈망하는 것입니다. 우리가 일하고, 무언가를 만들고, 예술 작품과 과학 기술을 창조하는 이유는 좀 더 많은 자유를 갈망하기 때문에, 좀 더 온전한 조화를 갈망하기 때문에, 달리 말하면 이 세계를 좀 더 집처럼 변화시키고 싶기 때문입니다.

그리스도교 신앙은 우리가 그 무엇도 원하거나 갈망하지 말아야 한다거나 욕망 그 자체가 악이라고 가르치지 않습니다. 그러나 우리의 욕망이 다른 사람의 삶을 파괴하거나 생태계에서 이미 살아가고 있는 다른 생명체들의 삶을 훼손한다면, 우리로 인하여 우리를 둘러싼, 우리가 속한 세계가 제 삶을 살지 못하게 된다면 파국을 맞을 수밖에 없음을, 그리고 종국에는 우리 자신이 파괴될 수밖에 없음을 그리스도교 신앙은 분명히 경고합니다.

우리가 무언가를 원하고 갈망할 때, 때로는 집착할 때 그 밑바닥에는 인간으로서 우리가 가진 근원적인 갈망, 나를 둘러싼 존재들과 진정으로 함께 거하고 싶어 하는 갈망, 다른 사람, 이 세계를 이루는 온갖 사물들, 더 나아가 창조주와 모두 더불어, 진실로 한집에서 살 듯 조화롭게 살아가기를 원하는 갈망이 놓여있습니다. 이 점을 우리는 자각해야 합니다. 초기 그리스도교 신학자들의 용어를 빌리자면, 우리는 우리를 하나 되게 하는 '말씀'logos, 조화와 나눔으로 나타나는 하느님의 영원한 힘을 따라 살아가는 법을 익혀야 합니다. 말씀은 하느님의 변함 없고 다함 없는 생명의 참모습입니다. 그리고 이를 하느님께서는 당신의 피조물과 나누십니다. 요한복음의 서두는 이를 분명히 드러냅니다.

태초에 '말씀'이 계셨다. 그 '말씀'은 하느님과 함께 계셨다. 그 '말씀'은 하느님이셨다. 그는 태초에 하느님과 함께 계셨다. 모든 것이 그로 말미암아 창조되었으니, 그가 없이 창조된 것은 하나도 없다. 창조된 것은 그에게서 생명을 얻었으니, 그 생명은 사람의 빛이었다. (요한 1:1~4)

'말씀'은 예수 안에서, 예수를 통해 이 세계에 온전히 그 모습을 드러냅니다. 그는 십자가 사건과 부활, 성령강림을 통해 우리의 눈을 뜨게 하고 우리의 마음을 거듭나게 합니다. 그리하여 우리의 욕망이 다른 모든 피조물의 기쁨, 성장과 엮여 있음을 깨닫게 합니다. 그때 우리는 진실로 무엇이 가능한지 눈 뜨게 됩니다. 우리가 이 가능성에 눈 뜨게 될 때 우리는 어떠한 일을 해야 하는지, 우리에게 어떤 도구가 필요한지를 더 잘 알 수 있습니다. 모든 사람이 각자에게 맞는 방식으로, 작고 큼에 상관없이 각자 자신의 도구를 가지고 더불어 사는 삶에 기여하고 함께 일구어가는 세계를 인내하며 만들어갈 수 있습니다.

그런 세계를 위해 어떻게 일하고 어떤 도구를 어떻게 사용해야 할지에 관한 한, 동굴에 살았던 우리 선조들은 무언가를 깊이 이해하고 있었던 듯합니다. '유인원'들이라며 무시하는 우리 현대인들의 오만함이란! 원시 인류의 흔적을 보며, 그들이 모두가 안전하게 함께 살아간다는 것을 얼마나 중요시했는지, 서로 좀 더 깊게 소통하고 교감하고 의미를 발견하기 위하여 얼마나 열심히 노력했는지를 확인할 때마다 저는 깊은 감동을 받습니다. 그들은 '말씀'logos을 따라 살아가고자 했던 것입니다. 오늘날 우리가 그리스도의 몸을 이루며 살아가고자 노력하는 것이 바로 이 같은 일 아닐까요.

전례란 '사람들이 함께 하는 일', 그리스도의 몸 안에서
말 그대로, 사람들이 함께 무언가를 만드는 일입니다.

19

삶이라는 전례

내가 진정으로 진정으로 너희에게 말한다. 죄를 짓는 사람은 다 죄의 노예다. 노예
는 언제까지나 집에 머물러 있지 못하지만, 아들은 언제까지나 머물러 있다. 그러므
로 아들이 너희를 자유롭게 하면, 너희는 참으로 자유롭게 될 것이다. (요한 8,35-36)

세상 돌아가는 일을 일일이 다 알 수는 없습니다. 하지만 때로는
신문 기사 일면에 등장하는 기사나 화젯거리가 되지 않는 일들을 주
시하고 거기에 관심을 기울일 필요가 있습니다. 이번 주 어느 국제
기구의 정책을 논의하는 자리에 참석했다가 저는 이 같은 생각을 했
습니다. 회의에 참석한 이들은 사람들이 어린이 난민 문제에 관심을
갖게 하기 위해서 어떠한 활동을 벌여야 할지 고민했습니다. 예나

지금이나 어린이 난민들을 안전하게 호송하고 그들을 보호하기 위한 법적 장치를 만드는 일은 커다란 문제입니다. 특히 코로나가 창궐하는 현 상황에서 수용할 수 있는 인원을 넘긴 난민수용시설의 위험성을 우리는 긴급한 문제로 다뤄야 합니다.

회의에서는 한 가지 행사를 하자는 제안이 나왔습니다. 행사의 개요는 이렇습니다. 약 3.5미터 되는 인형이 몇몇 소규모 단체와 함께 시리아 국경을 출발해 터키, 그리스, 이탈리아, 스위스, 벨기에, 독일, 프랑스를 거쳐 영국 맨체스터까지 이동합니다. 인형의 이름은 아말이며 9살 소녀 모습을 하고 있습니다. 단체들은 시리아부터 영국까지 곳곳에서 난민 소녀 아말을 환대하고 아말이 대표하는 비극적인 현실을 조명하는 행사를 열 예정입니다. 행사를 기획한 이들 중 한 사람은 이 행사가 '아름다움이 더 나은 사람을 만든다'는 자신의 확신을 증명하는 시간이 되기를 바란다고 말했습니다.

'아름다움이 더 나은 사람을 만든다', 멋진 표현입니다. 고함치느라, 경쟁하느라, 무언가를 붙드느라 분주한 사람들이 아름다움을 바라볼 수 있도록 멈추어 세우기 위해, 시간을 갖게 하기 위해서는 어떻게 해야 할지는 좀 더 숙고해야 할 문제이지만 말이지요. 행사를 기획한 또 다른 분의 말도 인상 깊었습니다. 그분은 아말의 여정에 진행되는 행사들에 되도록 다양한 사회적 배경을 가진 이들이 참여했으면 하는 바람을 피력했습니다. 그에 따르면 건물을 짓든, 음식을 장만하든, 축제를 기획하고 열든, 연극이나 음악회를 하든, 사람들은 무언가를 함께 할 때 자신의 배경과 지위를 내려놓고 기쁨을 나누며 새로운 정체성을 얻기 때문입니다.

이 흥미로운 기획이 어떻게 실현될지 기대가 됩니다. 이 행사를 기획한 곳은 '굿 찬스'Good Chance라는 극단인데 이 극단은 몇 년 전 《정글》The Jungle이라는 놀라운 연극을 런던에서 선보인 적이 있습니다. 이 연극은 실제로 칼레 근처에 있던 악명 높은 난민 수용시설에서 있었던 일을 다루며 실제 난민들이 배우로 출연했습니다. 기회가 되면 이 극단의 웹사이트를 찾아가 이들에 관해 살펴보시고 기부도 하면 좋겠습니다.

제가 이 이야기를 하는 이유는 오늘이 잉글랜드 성공회에서 올라우다 에퀴아노Olaudah Equiano, 토머스 클락슨Thomas Clarkson, 윌리엄 윌버포스William Wilberforce 세 사람을 기념하는 날이기 때문입니다. 이들은 노예제 폐지에 앞장섰습니다. 이들을 기억하면서 저는 '함께 일한다는 것'에 관한 난민 행사 기획자의 말을 곱씹어 보았습니다.

노예 제도가 끔찍하고 비인간적인 제도인 이유를 간단히 말하면 이 제도가 '함께 일하는 것'을 정면으로 거부하기 때문입니다. 노예와 주인은 함께 일하지 않습니다. 노예와 주인 사이에는 공통의 목표를 위해 함께 일하는 가운데 서로의 차이를 잊어버릴 기회가 존재하지 않습니다. 각자의 수고를 인정할 기회, 각자의 솜씨를 알아차리고 서로를 독려할 기회가 존재하지 않습니다. 주인은 노예에게 일방적으로 명령하고 노예는 이를 따라야만 할 뿐이지요.

이러한 맥락에서 우리는 공적 예배를 가리키는 말인 '전례(예전)'liturgy의 원뜻이 '사람들이 하는 일'이라는 사실을 기억해야 합니다. 전례란 '사람들이 함께 하는 일', 그리스도의 몸 안에서 말 그대로, 사람들이 함께 무언가를 만드는 일입니다. 예수께서는 말씀하셨습니다.

> 내가 진정으로 진정으로 너희에게 말한다. 죄를 짓는 사람은 다 죄의 노예다. 노예는 언제까지나 집에 머물러 있지 못하지만, 아들은 언제까지나 머물러 있다. 그러므로 아들이 너희를 자유롭게 하면, 너희는 참으로 자유롭게 될 것이다. (요한 8:35~36)

우리는 노예가 아닙니다. 노예는 주인이 무슨 생각을 하는지 모릅니다. 우리는 노예가 아니라 벗으로 부름받았습니다. 하나의 과업을 위해 각자의 몫을 감당하며 함께 일하는 동등한 벗으로 부름받았습니다. 20세기 러시아의 위대한 성인이자 순교자인 마리아 스콥트소바Maria Skobtsova 수녀는 교회 문밖으로 나온 전례, 일상의 일과 분리될 수 없는 삶의 모든 영역에서 우리가 해야 할 공통의 과업에 대해 이야기하곤 했습니다.

그 공통의 과업이란 바로 하느님 나라를 이루는 것, 하느님께서 이 땅에서 보고자 하시는 공동체를 이루는 것입니다. 이 공동체에서는 누구도 소외되지 않습니다. 소모품으로 취급되지 않습니다. 모든 사람이 자신의 받은 선물을 활용해 공동체를 이룹니다. 한 사람 한 사람의 기여로 이 공동체는 지속됩니다. 집을 만들고 음식을 장만하는 일, 행사를 기획하고 음악을 만들고 다른 사람을 위해 안전망을 만들고 도움을 주는 일, 이 모두가 하느님께서 우리가 참여하도록 부르신 '전례'입니다. 우리가 교회에서 함께 드리는 예배, 전례는 바로 그 모든 일로 나아가기 위한 발판이자 그 모든 일이 온전히 성취되었을 때의 기쁨을 미리 맛보는 활동입니다.

내년에 열릴 '아말의 여정'은 이러한 전례의 뜻을 다시금 밝혀줄 것입니다. 이를 통해 저는 우리가 얼마나 다른 사람뿐만 아니라 우리 자신마저도 노예로 삼는 경향이 있는지를 돌이켜볼 수 있기를 바랍니다. 하느님께서 우리에게 맡기신 공통의 과업에 담긴 아름다움과 희망을 발견할 수 있기를 바랍니다. 성령 안에서, 진리 가운데 예배하는 것이 무엇인지를 배울 수 있기를 바랍니다.

안개 낀 산 정상에서 제자들은 예수와 함께 기도하던 중
예수가 영광의 안개에 휩싸이는 모습을 보았습니다.
예수의 얼굴과 몸에서는 눈부신 빛이 흘러나왔습니다.

20

주의 변모

그리고 엿새 뒤에, 예수께서는 베드로와 야고보와 그의 동생 요한을 따로 데리고서 높은 산에 올라가셨다. 그런데 그들이 보는 앞에서 그의 모습이 변하였다. 그의 얼굴은 해와 같이 빛나고, 옷은 빛과 같이 희게 되었다. (마태 17:1~2)

75년 전 오늘, 원자폭탄이 히로시마에 떨어졌습니다. 제 또래 사람들은 막연하게나마 핵전쟁이 일어날지도 모른다고 생각하며 자라긴 했습니다만, 처음 핵무기가 그 위력을 드러냈을 때 충격은 어떠했을지 상상하기란 어렵습니다. 그러나 1945년을 돌이켜보았을 때 놀라운 점은 원자폭탄이 투하됨으로써 인류의 윤리적 지평에 무언가 근본적인 변화가 일어났음을 감지한 이는 소수에 불과했다는 것입니다. 대다수 사람은 그 사건이 얼마나 충격적인 일인지 알지 못했습니다. 어쩌면 제2차 세계대전을 치르는 가운데 독일 강제수용소 같은 참혹한 사건들을 연이어 겪으면서 사람들이 충격에 둔감해졌는지도 모르겠습니다.

그러나 몇몇 사람들은 이로 인해 인류가 어떤 선을 넘어갔음을 알아차리고 충격을 받았습니다. 로마 가톨릭 신학자 로널드 녹스 Ronald Knox도 그중 한 사람이었지요. 1945년 가을 녹스는 『하느님과 원자』God and the Atom를 썼습니다. 이를 통해 그는 믿음과 소망, 그리고 사랑의 핵심을 강타한 무언가 중대한 일이 일어났음을 표현했습니다. 원자폭탄을 투하함으로써 인류는 자신이 자의적이고 탐욕스러운 의지를 극단으로 밀어붙이고 있음을 드러냈다고, 이제는 이 물질세계를 이루는 그 무엇도 모든 것을 손아귀에 쥐려는 인류의 악랄한 야망에서 안전할 수 없다고 그는 말했습니다. 『하느님과 원자』중 '잃어버린 기회'라는 제목의 장에서 녹스는 썼습니다.

아무 인기척도 없는, 어느 외딴곳에서 원자폭탄을 시연한 다음 이 무기가 얼마나 가공할 만한 참사를 낳을 수 있는지 사람들에게 보여주었다면 어땠을까. 그리고 "바로 이 때문에 우리는 원자폭탄을 쓰지 않기로 했습니다"라고 말했다면 어땠을까. 하지만, 당시 우리는 모두 폭력이라는 광풍에 휘말려 있었다. 실제 위기 상황에서 규칙 따위는 아랑곳하지 않고 싸우는 가운데 우리는 내심 희열을 느꼈는지도 모른다. 하지만 그 끝에 남는 것은 커다란 상처와 쓰라림뿐이다.

녹스의 말대로 전쟁의 결과는 참혹했습니다. 우리는 우리가 어디까지 추악해질 수 있는지, 얼마나 극악무도한 짓을 저지를 수 있는지 목도했습니다. 우리는 기술의 진보를 이용한 대량 살상을 지켜보았습니다. 그런 후 우리는 이를 부정하거나 남 탓으로 돌리기 위해 엄청난 에너지를 쏟아부었습니다. 아니면 우리는 모두 함께 살아가는 인간, 인류라는 정체성은 순진한 생각일 뿐이며 이 세상은 결국 힘의 논리로 결정될 수밖에 없다는 냉소적인 태도를 받아들였습니다.

핵의 시대가 도래하면서 함께하는 삶과 인간성에 거는 우리의 기대에 대한 냉소와 부정이 한층 더 깊어졌음을 반박하기란 어렵습니다. 그 예를 찾기 위해 먼 곳을 볼 필요도 없습니다. 하지만, 녹스는 우리에게 사태의 핵심을 보라고 합니다. 우리는 악을 행할 수 있습니다. 벨젠, 아우슈비츠, 히로시마와 나가사키, 르완다와 스레브레니차에서 일어난 일에 우리는 공포로 몸서리치고 이 일들을 끔찍한 일이라고, 악이라고 부릅니다. 누구도 저 일을 저지르라고 우리를 강요하지 않았습니다. 어떤 사건도 불가피하지 않았습니다. 저 모든 사건은 우리가 선택했습니다. 정확히 바로 그 때문에 저 사건들은 악입니다. 그리고 우리가 끔찍한 선택을 했다고 말하는 것은 다른 길을 선택할 수도 있었음을 스스로 고백하는 것입니다. 우리는 악을 저지를 수밖에 없도록 저주받지 않았습니다. 문제는 우리가 악에 끌리고, 악을 행함으로써 안정을 느끼고, 악에 매료된다는 데 있습니다. 그리고 너무나도 손쉽게 그 선택을 정당화하거나 얼버무리려 합니다. 과학 기술을 포기한다고 악의 사슬에서 벗어날 수 있는 게 아닙니다. 그보다 훨씬 더 어렵습니다. 바로 자기기만과 현실부정, 자기합리화와 정당화라는 중독에서 벗어나는 것입니다. 그러지 않는 한 우리는 똑바로 볼 수도 없고 똑바로 생각할 수도 없습니다.

원자폭탄이 투하된 날이 주의 변모 축일이었다는 사실은 너무나도 아이러니합니다.

예수께서는 베드로와 야고보와 그의 동생 요한을 따로 데리고서 높은 산에 올라가셨다. 그런데 그들이 보는 앞에서 그의 모습이 변하였다. 그의 얼굴은 해와 같이 빛나고, 옷은 빛과 같이 희게 되었다. 그리고 모세와 엘리야가 그들에게 나타나더니, 예수와 더불어 말을 나누었다. 그 때에 베드로가 예수께 말하였다. "선생님, 우리가 여기에 있는 것이 좋습니다. 원하시면, 제가 여기에다가 초막을 셋 지어서, 하나에는 선생님을, 하나에는 모세를, 하나에는 엘리야를 모시도록 하겠습니다." 베드로가 아직도 말을 하고 있는데, 갑자기 빛나는 구름이 그들을 뒤덮었다. 그리고 구름 속에서 "이는 내 사랑하는 아들이다. 나는 그를 좋아한다. 너희는 그의 말을 들어라" 하는 소리가 들려왔다.

(마태 17:1~5)

안개 낀 산 정상에서 세 제자는 예수와 함께 기도하던 중 예수가 영광의 안개에 휩싸이는 모습을 보았습니다. 예수의 얼굴과 몸에서는 눈부신 빛이 흘러나왔습니다. 그리고 그들은 예수의 말을 들으라는 소리를 들었습니다. 예수가 산 정상에서 체험했던 또 다른 인물들인 모세, 엘리야와 대화하는 모습을 보았습니다. 예루살렘에서 일어날 일, 그곳에서 겪을 굴욕과 죽음에 대해 들었습니다.

그 짧은 순간 영원하신 하느님의 존재와 활동에서 뿜어져 나오는 눈부실 정도로 찬란한 광채가, 그들의 친구이자 선생인 남루하고 지저분한 몰골의 한 인간에게서 뿜어져 나오는 것을 그들은 보았습니다. 한 인간의 얼굴 너머에 하느님의 무한하신 사랑과 아름다움이 있음을 그들은 보았고 이해했던 것입니다. 하느님께서는 이를 통해 나중에 제자들이 예수의 피 흘리고 망가진 얼굴을 보았을 때도 그 얼굴에서 나오던 찬란하고 신비로운 빛을 잊어서는 안 된다고 말씀하신 것입니다.

변화산에서 사도 베드로와 야고보, 그리고 요한은 인간의 얼굴이 어디까지 도달할 수 있는지를 보았습니다. 그들은 인간이 하느님의 영광을 드러내는 거룩한 얼굴이 될 수 있음을 목격했습니다. 우리가 어떠한 공포에 사로잡히든, 얼마나 끔찍한 범죄에 휘말리든, 어떠한 재앙이 밀어닥치든, 인간에 깃든 저 영원한 빛은 결코 사그라지지 않습니다. 그리고 인간에게는 언제나 저 빛으로 돌아갈 수 있는 자유가 있습니다. 그 돌아가는 과정, 귀환의 여정은 그리스도의 삶과 죽음과 부활, 성령이 주시는 은총과 사랑이 모두 필요할 정도로 지난할지 모릅니다. 그러나 결코 불가능한 일은 아닙니다. 우리는 탐욕과 이기심에서 돌아설 수 있습니다. 폭력과 지배가 가져다주는 만족과 영예를 거절할 수 있습니다. 하느님의 아들이신 예수 그리스도의 말씀을 듣고, 고통스럽고 위태롭지만 희망으로 가득 찬 길을 따라 걸을 수 있습니다. 이 길은 앞을 예측할 수 없으며 성공을 보장하지 않습니다. 이 길을 걷고 있는 이들을 찾아보기 어려울 수도 있습니다. 하지만 이 길은 참된 길이며 모두에게 열려 있습니다. 녹스는 말했습니다.

그리스도인이란 마치 원자처럼, 별것 아닌 것들, 미세한 것들 너머에 있는 헤아리지 못할 힘을 드러내는 사람이다.

갓난아이로 돌아간 마리아는 어떤 말도 어떤 행동도
할 수 없습니다. 아니, 할 필요가 없습니다. 그녀는 그냥
그리스도께서 이루시는 사랑의 품에 안길 뿐입니다.

21

생명의 품

주님, 이제 내가 교만한 마음을 버렸습니다. 오만한 길에서 돌아섰습니다. 너무 큰

것을 가지려고 나서지 않으며, 분에 넘치는 놀라운 일을 이루려고도 하지 않습니다.

오히려, 내 마음은 고요하고 평온합니다. 젖뗀 아이가 어머니 품에 안겨 있듯이, 내

영혼도 젖뗀 아이와 같습니다. 이스라엘아, 이제부터 영원히 오직 주님만을 의지하

여라. (시편 131:1~3)

이번 주 토요일은 성모 마리아가 세상을 떠난 것을 기념하는 날
입니다. 동서방 그리스도교는 모두 이를 축일로 기념합니다. 5~6세
기에 이르러 그리스도교 세계에서는 마리아가 구약성서의 엘리야
처럼 임종에 이르러 하늘에 들려 올라갔다는 전설이 퍼지기 시작했

습니다. 중세 서방에서 이 전설은 마리아가 아예 죽지 않았다는 믿음으로 바뀌어 퍼지기도 했지요. 1950년 교황 비오 12세Pius XII는 전통의 전설적인 요소들은 걸러내면서도 마리아가 하늘에 들려 올라갔음을 믿는 것은 그리스도교 신앙의 핵심 부분 중 하나라고 선언했습니다. 물론, 그 이전부터 서방교회는 오랜 기간 '성모 승천 대축일'Assumption을 기념했습니다.

성공회는 좀 더 신중한 입장을 취합니다. 성공회도 마리아가 지상에서의 삶을 마감한 것을 기념하며 삶을 마감함과 동시에 기쁘게 부활한 자신의 아들 예수에게로 갔다는 데 동의합니다. 그러나 그 이상은 과하다고 여기는 편입니다.

흥미롭게도, 동방교회는 이 축일을 조금 다른 시각으로 접근합니다. 동방교회는 이 날을 '하느님의 어머니가 잠든 날'the Falling-Asleep of the Mother of God, 혹은 '성모 안식'Dormition 축일이라고 부릅니다. 동방교회의 성화들은 이 사건을 매우 독특하게 묘사합니다. 구름을 타고 올라가 아들에게 왕관을 받는 모습을 화려하게 묘사하는 서방교회의 그림들과는 사뭇 다릅니다. 동방교회의 성화에서 마리아는 사도들에게 둘러싸인 채 침대에서 죽음을 맞이합니다. 침대 옆에는 예수께서 포대기에 싸인 갓난아이를 두 팔로 안은 채 서 계십니다. 이 갓난아이는 바로 마리아의 영혼입니다. 마리아의 영혼이 갓난아이처럼 예수의 두 팔에 안겨 안식하고 있는 것이지요. (우리에게 여러 그림을 통해 익숙한) 갓난아이 예수를 안던 마리아가 이제 갓난아이가 되어 예수의 팔에 안긴 것입니다. 아들의 품 안에서 어머니 마리아는 새로운 생명을 얻습니다. 이것이 성모 마리아가 지상에서 삶을 마감했을 때 일어난 일입니다. 그녀는 예수의 품에 안겨 새로운 삶을 시작했습니다.

유명인사들의 인터뷰를 보면, 가끔 질문자가 유명인사에게 어떻게 기억되기를 바라느냐고 질문을 할 때가 있습니다. 죽은 뒤에 어떤 업적을 남길 것 같은지, 죽을 때까지 무엇을 이루고 싶은지를 묻는 것이지요. 이런 질문에는 삶의 목적이 성숙한 상태에 이르거나 일정한 지위나 지식, 영향력을 얻는 등 무언가를 '성취'하는 것이라는 생각이 깔려 있습니다. 그러나 성화 속 마리아는 지상에서의 삶 마지막에 이르러 그저 힘없는, 갓난아이로 돌아가 새로운 삶을 출발합니다. 갓난아이로 돌아간 마리아는 어떤 말도 어떤 행동도 할 수 없습니다. 아니, 할 필요가 없습니다. 그녀는 그냥 그리스도께서 이루시는 사랑의 품에 안길 뿐입니다. 자신의 업적을 기록한 기념비도 필요 없고 천국 문 앞에 자랑스럽게 걸어둘 명패도 필요가 없습니다. (시편 기자의 표현을 빌려 말하면) 다만 주님의 품에서 "내 영혼이 젖뗀 아이와 같습니다"라고 고백할 뿐입니다.

우리 삶의 참된 목적이 이것이라면 어떨까요? 우리가 도모하는 모든 일, 이루고자 하는 모든 일의 목적이 결국은 우리가 좀 더 진실하게, 좀 더 깊은 평안 가운데 '받는 법'을 익히는 데 있다면 어떨까요? 우리가 삶의 마지막에 다다라야 할 상태란 그저 갓난아이와 같은 단순함에 이르는 것이라면 어떨까요? 마침내 단순히, 그냥 안기는 것, 우리가 그토록 도망치려 했던, 애써 보지 않으려 했던 그분의 참모습을 마주하며, 나를 두 팔로 꼭 안아주시는 그분의 품에 갓난아이처럼 안기는 것이 우리 삶의 궁극적 목적은 아닐까요? 죽음 저편의 삶이 어떠하든, 우리가 상상하는 그 무엇과도 같지 않으리라는 것은 손쉽게 예상해볼 수 있습니다. 그 삶은 지금 우리가 겪고 있는, 나라는 자아를 둘러싼 복잡한 드라마, 나의 분주함, 걱정, 야망이 빚어내는, 쉴 새 없이 내 입이 만들어내는, 쉼 없이 요동치는 내 두려움이 만들어내는 드라마는 아닐 것입니다.

성모의 안식을 담은 정교회의 성화는 우리가 아이처럼 되지 않는다면 하느님 나라에 들어가지 못하리라는 예수의 말씀을 심상으로 보여줍니다. 또한 베드로의 첫째 편지에 등장하는 (세례를 준비하고 있는 이들을 향해 말하는 듯한) 구절을 상기시킵니다.

갓난아이처럼 순수하고 신령한 젖을 구하십시오. (1베드 2:2)

그리스도교의 핵심 메시지가 언제나 그렇듯 이는 깊은 역설입니다. 진실로, 우리는 성숙해져야 합니다. 실수하는 가운데, 사랑하고 사랑받는 가운데, 복잡하게 얽힌 삶을 살아가며 서로 상처 입히고 상처 입는 가운데 성장해야 합니다. 또한, 다른 사람을 '아이 취급'하며 차별하고 지배하려는 모든 체제에 맞서기 위해 지성을 연마하고 상상력을 발휘해야 합니다(과거 유럽인들이 비유럽인들을 일컬어 '어린아이 같은 미성숙한 인종'이라고 하대하며, '성숙한' 자신들이 가르치고 규율해야 할 대상으로 생각했던 과거를 기억하면 더욱 그렇습니다). 그럼에도 불구하고 그 모든 분투, 고통스러운 성장, 배움의 목적은 결국 우리가 자유와 기쁨을 누리는 가운데 아이처럼 단순해지고, 주님의 사랑을 받아들이고, 그 품에 그냥 안기기 위해서입니다.

천국에 관한 가장 위대한 시 두 편을 고른다면 저는 조지 허버트 George Herbert의 「사랑」Love과 찰스 코슬리Charles Causley의 「에덴의 바위」 Eden Rock를 꼽겠습니다. 허버트는 자신이 하느님과 대화를 나누는 장면을 상상합니다. 그가 자신이 천국에 있을 자격이 없다고 말하자 하느님께서는 어깨를 으쓱하시며 말씀하십니다.

너는 앉아라. 그리고 내 살을 먹으라.

시는 너무나도 단순하게 마무리됩니다.

그리하여 나는 앉았고 먹었네.

생명의 품

151

코슬리는 시에서 오래전 세상을 떠난 그의 부모가 강 건너편에서 소풍을 하며 자신을 향해 손짓하는 모습을 상상합니다. 부모는 어서 오라고, 강을 건너는 일은 그리 어렵지 않다고 그를 안심시킵니다. 이 시 또한 놀라울 정도로 단순한 표현으로 마무리됩니다.

나는 이런 곳을 상상하지 못했다.

죽음을 맞이하며 아들 품에 안긴 성모 마리아도 이렇게 노래했을 것입니다.

내 옆에 있는 사람은 두려울 정도로 낯설고
헤아릴 수 없는 존재이며 그렇기에 하느님의 두렵고 낯선
영광과 신비를 드러내는 창입니다.

22

하느님의 형상

할렐루야. 우리의 하느님께 찬양함이 얼마나 좋은 일이며, 하느님께 찬송함이 그 얼마나 아름답고 마땅한 일인가! 주님은 예루살렘을 세우시고, 흩어진 이스라엘 백성을 모으신다. 마음이 상한 사람을 고치시고, 그 아픈 곳을 싸매어 주신다. 별들의 수효를 헤아리시고, 그 하나하나에 이름을 붙여 주신다. 우리 주님은 위대하시며 능력이 많으시니, 그의 슬기는 헤아릴 수 없다. (시편 147:1~4)

지난 한 주, 영국은 대학수학능력시험 관련 문제로 시끌벅적했습니다. 그리고 여전히 진행 중입니다. 정부는 대학수학능력시험을 치르는 대신 학기 중에 실시한 과제를 토대로 학생들의 학력을 예측해 대학 입시를 진행하겠다고 발표했습니다. 정부의 무심함과 교육제도 전반에 대한 무신경함에 대해서는 이미 많은 이가 지적하고 있습니다. 어떻게 정부는 직접 시험을 치르게 하지 않고 통계에 따른 예상치로 학생들을 평가하겠다는 결정을 사람들이 받아들이리라고 생각했을까요? 물론 시험이 능사라는 말은 아닙니다. 많은 학생이 받는 심리적 압박감과 부담을 생각하면 시험을 완벽한 평가 수단이라고 볼 수는 없습니다. 그러나 적어도 시험은 특정 시간과 공간에서 시험을 치르는 이가 직접 한 일을 가지고 그 사람을 평가합니다.

일부 비평가들이 지적하듯 이 문제는 비단 교육 분야에만 해당하는 것은 아닙니다. 알고리즘과 알고리즘이 만들어내는 규칙은 이제 모든 영역에 적용되고 있는 것 같습니다. 디지털 기술과 알고리즘이 결합해 이루어내는 업적을 우리는 경외의 눈길로 바라봅니다. 인간의 뇌로는 오랜 시간이 걸릴 복잡한 통계와 엄청난 양의 정보를 분석하고 처리하는 것을 보며 감탄합니다. 스마트폰 화면, 컴퓨터 화면에 사용자에게 맞춘 광고가 등장하는 모습은 이제 익숙한 일이 되어버렸습니다. 그 모든 것이 정보를 수집하고 처리한 결과물이겠지요. "이 상품을 산 사람은 저 상품도 구매했습니다"라는 문구가 화면에 뜰 때 우리는 놀라지 않습니다. 알고리즘은 우리가 과거에 한 선택들을 최대한 모아 분석한 뒤 보란 듯이 우리가 다음에 무엇을 선택해야 하는지를 말해줍니다.

다행히 많은 이는 여전히 청개구리 같아서 우리가 뭘 원한다고 알고리즘이 제안할수록 더 듣지 않는 경향이 있는 듯합니다(그래서 과거부터 말 안 듣는 인간의 심보야말로 인간이 자유의지를 지니고 있다는 증거라는 논증이 있는지도 모르겠습니다). 그러나 현재 우리가 직면한 상황은 대단히 교묘하고도 은밀하게 진행되고 있습니다. 우리 한 사람 한 사람은 수학적 평균과 통계상 확률로 끊임없이 측정 당하고 있습니다. 우리를 인간으로 만들어 주는 모든 복잡한 요소들, 우리의 선호를 형성하고 선택 내리고 행동을 할 때까지 있던 수많은 사건은 간단히 무시됩니다.

인식하든 못하든 우리는 지나치게 많은 정보로 인해 오히려 무지를 낳는 문화를 살아가고 있습니다. 조금 이상하게 들릴지도 모르겠지만 엄청난 양의 정보를 처리하는 체계는 언제나 정보의 취사 선택 과정을 거치기에 유입된 정보 중 일부는 무시될 수밖에 없습니다. 현대인의 감각이 수천 년 전 살았던 인간의 감각에 비해 그 양과 질에서 매우 뒤떨어진다는 사실도 이런 맥락에서 생각해 볼 수 있습니다. 오늘날에도 남아프리카 대륙에 사는 산족Saan people과 같은 이들은 과거 인류가 환경에 민감하게 반응할 수 있는 능력, 고도로 발달한 감각을 지니고 있었음을 알려줍니다.

알고리즘과 관련해 우리가 현재 처한 상황이 심히 우려되는 이유는 우리가 우리를 둘러싼 환경에 점점 둔감하게 될 뿐 아니라 인간이라는 행위자가 지닌 독특함과 신비를 보지 못하게 되고 있다는 데 있습니다.

우리가 인간을 '하느님의 형상'을 담은 존재라고 말할 때 그 말은 인간이 지성과 자유와 같은 측면에서 하느님과 같다는 뜻이 아닙니다. 인간이 '하느님의 형상'을 담고 있다는 말은 내가 누군가와 마주했을 때 그는 '나'와는 너무나 다른, 내가 헤아릴 수 없는 존재이기에 마치 헤아릴 수 없는 신비인 하느님을 마주하는 것 같다는 뜻으로 이해해야 합니다. 나는 상대를 소유할 수 없습니다. 그의 미래를 예측할 수 없으며 그의 내면을 흉내 낼 수 없습니다.

이러한 사고는 알고리즘에 깔린 사고와 대척점에 있습니다. 그리스도교는 모든 인간이 하느님의 자녀이며, 한 사람 한 사람이 자녀들의 공동체에 기여할 수 있는 고유한 선물을 지니고 있다고 말합니다. 이는 실로 혁명적인 사고입니다. 또한 그리스도교는 하느님께서 "별들의 수효를 헤아리시고, 그 하나하나에 이름을 붙여 주신다"(시편 147:4)고 고백합니다. 성서가 증언하는 하느님, 그리스도교에서 고백하는 하느님은 당신께서 창조하신 피조물 하나하나와 고유한 관계를 맺으시는 분입니다. 그분은 우리 한 사람 한 사람의 삶 전체를 사랑과 인내 가운데 살피고 계십니다. 성 아우구스티누스Augustine의 표현을 빌리자면 하느님께서는 언제나 우리 안에 계시고 우리가 우리 자신과 현실로부터 도망칠 때조차 우리와 함께 계십니다.

그리스도교 교육은 말할 것도 없고 참된 교육은 이 세계를 이루는 수없이 다양한 존재들과 그 고유한 존재들이 지닌 헤아릴 수 없는 '다름'을 바라보며 경외심을 갖게 하는 데서 출발합니다. 통계적 계산이라는 방법으로 교육을, 교육에 담긴 분별의 차원을 대체할 수 있다는 발상은 그 자체로 저급하고 추잡한 일입니다. 이러한 상황에서 교회는 인간이 하느님의 형상이라는 믿음을 더 굳건히 붙들어야 합니다. 현대 러시아 성인이 말했듯 내 옆에 있는 사람은 두려울 정도로 낯설고 헤아릴 수 없는 존재이며 그렇기에 하느님의 두렵고 낯선 영광과 신비를 드러내는 창이기 때문입니다.

우리에게 필요한 것은 마음의 불을 다시 지피는 일입니다.
"거룩하신 하느님의 어린양"께서 가슴 아파하지 않고 바라보실 수 있는
사회 질서를 이루고자 하는 뜨거운 열망이 일어나야 합니다.
"염원을 지닌 화살"을 두르고, 용기와 인내 가운데 정신의 싸움을
감내할 수 있기를, 예루살렘에 관한 상상이 살아 숨 쉬고 불타오르기를
우리는 기도해야 합니다.

22

믿음의 증거

믿음은 바라는 것들의 확신이요, 보이지 않는 것들의 증거입니다. 선조들은 이 믿음으로 살았기 때문에 훌륭한 사람으로 증언되었습니다. 믿음으로 우리는 세상이 하느님의 말씀으로 지어졌다는 것을 깨닫습니다. 보이는 것은 나타나 있는 것에서 된 것이 아닙니다. (히브 11:1-3)

이번 주에 가장 충격적인 소식은 아마도 BBC 음악회 편성에서 《지배하라, 대영제국이여!》Rule, Britannia!를 제외하기로 했다는 소식인 것 같습니다. 오늘날 영국 사회는 제의나 예식에서 벗어난 것처럼 보이지만, 어쩌면 그래서 더욱 얼마 남지 않은 제의와 예식에는 대다수 사람이 열정적으로 참여합니다. 이러한 와중에 많은 사람이 애청하는 음악회 편성에서 《지배하라, 대영제국이여!》 같은 전통적인 국민애창곡을 제외한다는 소식은 특종감을 기다리는 언론에게는 단비 같은 소식이었는지도 모릅니다. 총리도 이와 관련해 이야기해야 할 정도였으니 말이지요.

코로나 사태 대응과 관련해 좋지 않은 소식들과 통계가 나오고 있는 상황에서 무언가 조금이라도 이 나라에 긍정적인 면이 있기를 바라는 사람들의 심정은 충분히 이해할 만합니다. 정부는 세계를 깜짝 놀라게 할 만한 대응책을 내놓겠다고 호언장담했지만 그런 일은 요원해 보입니다(게다가 이런 사안에서 세계를 깜짝 놀라게 할 필요가 있는지 저는 이해할 수 없습니다. 온 세계가 겪고 있는 위기에 효과적으로 대응하는 것을 경쟁에서 우위를 점하는 것 따위로 이야기해야 할 이유가 있을까요). 어찌 되었든 많은 사람이 오래된 행사에서 (과거에 대한 반성을 담고 있지 않은) 친숙한 노래를 부르며 하룻밤만이라도 자존심을 세우고 싶었는데 그마저 빼앗겼다는 박탈감을 느끼고 있는 것 같습니다.

고백하자면, 저도 길버트와 설리번의 오페라를 좋아하듯 《지배하라, 대영제국이여!》를 좋아합니다. 이 노래는 정말 유치하지만 좋아할 수밖에 없는 낭만과 열정이 있습니다. 그래서 저도 부를 기회가 있으면 기꺼이 따라 부릅니다. 그렇다 할지라도 이 노래를 국가의 자존심을 내세우는 도구로 사용하는 것에 대해, 그리고 그러한 행동이 초래하는 결과에 대해 잠시 멈추어 생각해 본다고 손해 볼 일은 없습니다. 처음 이 노래를 만든 18세기 애국자들이 "영국인들은 절대 노예가 되지 않으리"라고 노래했을 때 당시 노예로 살고 있던 수많은 이는 그들의 안중에 없었습니다. 그리고 오늘날 이 사실을 아무렇지 않게 넘기기란 쉽지 않은 일입니다.

솔직히 말하면, 저는 《예루살렘》Jerusalem을 제외하겠다는 소식이 나올까 봐 더 조마조마했습니다. 《예루살렘》이 여전히 많은 사람의 심금을 울린다는 사실은 참으로 신기한 일입니다. 물론 패리Hubert Parry의 훌륭한 곡조가 어느 정도 일조했겠지요. 《예루살렘》에 담긴 가사는 영국에서 가장 급진적이면서도 탁월한 시인 윌리엄 블레이크William Blake가 쓴 독특한 연작시의 도입부로 이루어져 있습니다. 여기서 블레이크는 어린 예수가 영국 땅을 밟았다고 하는 전설을 암시합니다.

아득한 옛날 저들의 발길은

잉글랜드의 푸른 산 위를 거닐었는가?

거룩하신 하느님의 어린양이

잉글랜드 기쁨의 들판 위에 보였는가!

그 성스러운 얼굴이

정녕 우리의 구름 낀 언덕에 빛을 비추셨는가?

정말로 예루살렘이 이 땅 위에,

이 어두운 사탄의 소굴들 사이에 세워졌단 말인가?

금빛으로 불타는 나의 활을 가져오라

나의 염원을 지닌 화살을 가져오라

나의 창을 가져오라, 오 구름이 펼쳐지는구나!

내 불의 전차를 가져오라!

나는 싸움을 멈추지 않으리,

나의 검도 내 손에서 멈추지 않게 하리라.

우리가 잉글랜드의 푸르고 즐거운 땅에

예루살렘을 세울 때까지.

저는 이 부분을 읽으며 "그 성스러운 얼굴"이 실제로 오늘날 영국 땅의 현실을 보신다면 어떤 반응을 보이실까 상상하곤 합니다.

블레이크가 "어두운 사탄의 소굴들"을 예수께서 보시고 걸으셨다고 말할 때 무엇을 보고 "어두운 사탄의 소굴들"이라고 했는지는 누구도 분명하게 알 수 없습니다. 다만 몇몇 후보지는 있습니다. 초기 산업화 시대 공장지대일 수 있고, 드루이드교 유적들일 수도 있고 (유감스러운 일이지만) 지역 교회들일 수도 있습니다. 그러나 분명한 점은 이를 통해 블레이크가 독자들에게 인류 공동체의 역사에 언제나 자리한 폭력, 착취, 위선, 잔인함 한가운데를 성육신한 하느님께서 걸으시며 그 가운데서 활동하심을 상상하도록 요청하고 있다는 것입니다. "예루살렘"은 세워지고 있습니다. 사회가 전혀 그렇지 않은 방향으로 가고 있는 듯해도, 모든 신호가 '예루살렘'이라는 전망을 부정하는 것처럼 보여도 그곳은 여전히 건설되고 있습니다.

우리에게 필요한 것은 마음의 불을 다시 지피는 일입니다. "거룩하신 하느님의 어린양"께서 가슴 아파하지 않고 바라보실 수 있는 사회 질서를 이루고자 하는 뜨거운 열망이 일어나야 합니다. "염원을 지닌 화살"을 두르고, 용기와 인내 가운데 정신의 싸움을 감내할 수 있기를, 예루살렘에 관한 상상이 살아 숨 쉬고 불타오르기를 우리는 기도해야 합니다. 블레이크의 시는 '상상의 과거'를 뒤돌아보며 상상의 미래를 내다봅니다. 그리고 그 중심에는 하나의 질문이 있습니다.

당신은 진심으로 예루살렘에 살기를 갈망합니까? 그렇다면 당신은 기억해야 합니다. 예루살렘은 이미 여기에, 언제나 있습니다. 정의와 사랑이 패배한 것처럼 보이는 곳에도 거룩하신 하느님의 어린양이 있기 때문입니다.

성 아우구스티누스는 사회는 구성원들이 갈망하는 바를 따라 하나가 된다고 말했습니다. 공동체의 욕구가 너무나 다양하고 분열되어 함께 나눌 수 있는 목표와 전망을 상실할 때 문제가 발생합니다. 같은 맥락에서 교회의 일치를 이루는 것은 제도적 틀 같은 것이 아니라 하느님의 정의와 사랑이 이 땅에서 승리하기를 바라는 갈망, 이를 갈망케 하도록 성령께서 감화하시고 인도해주시기를 바라는 열망입니다. 그러한 갈망 속에서 우리는 우리에게 무엇이 부족한지를 깨닫습니다. 그러한 갈망 속에서 우리는 기뻐합니다. 우리가 갈망하는 바를 소유하거나 성취했기 때문이 아니라 그 갈망이 끝내 이루어지리라는 것을 기쁨으로 고대하기 때문입니다. 우리가 드리는 예배, 그중에서도 성찬은 바로 우리의 그 갈망이 마침내 채워질 때의 기쁨을 미리 맛보는 공간입니다. 성찬을 통해 우리 안에서 이루어지는 성령의 간절한 애원은 우리를 향해 자신을 기꺼이 내어주시는 그리스도의 진심 어린 선물, 그분의 간절한 초대로 응답받습니다.

이러한 맥락에서 우리가 《예루살렘》을 부를 때, 거기에는 《지배하라, 대영제국이여!》를 부르며 느끼는 흥과 자기만족보다 훨씬 더 깊은 무언가가 있습니다. 《예루살렘》을 부르며 우리는 우리의 언덕에 짙은 구름이 껴 있다는 사실을 받아들입니다. "사탄의 소굴들"이 번창하는 현실을 받아들입니다. 《예루살렘》을 부를 때 우리는 이 사회, 세계, 역사를 오만한 민족주의적 시선으로, 공허한 낙관주의로 바라볼 수 없습니다. 이 노래에는 인간과 함께하시는 하느님께서 이루시는 세상, 예루살렘을 향한 간절한 마음이 담겨 있습니다. 우리는 비공식 애국가라고도 불리는 이 노래를 부르며, 변화는 진정한 갈망이 일어날 때 일어난다는 진실, 우리가 갈망하는 저 참된 변화의 가능성은 이미 우리 자신과 우리 주변 모든 사물의 본성에 이미 새겨져 있다는 진실을 알아차립니다. 하느님의 신실하심을 드러내는 표지로 예수를 그리는 동시에 그 모습이 어떻게 우리 일상에 감추어져 있는지를 묘사한 블레이크는 참된 그리스도교 예언자였습니다. 그리고 참된 시인이라면 늘 그러하듯 그는 짙은 구름을 꿰뚫고 들어오는 무언가를, 번창하는 사탄의 소굴들, 들판과 언덕을 꿰뚫고 솟아오르는 무언가를, 그 짧은 순간을 포착할 말을 찾으려 애썼습니다. 히브리서의 표현을 빌리면 "바라는 것들의 확신이요, 보이지 않는 것들의 증거"인 믿음, 어떠한 상황에서도 우리와 함께하겠다고 말씀하신 하느님의 약속에 대한 신뢰를 지니고 있던 것입니다.

모세로부터 토라를 받은 이스라엘 민족이 그러했듯
교회는 함께하는 삶이라는 기초 위에 상호책임을 지는 사회입니다.
교회의 주요 목적 중 하나는 자신에게 유익한 것은
이웃에게 유익한 것과 충돌하거나 경쟁 관계에 놓이지 않음을
모든 사람에게 알리는 데 있습니다.

24

법과 질서

주님은, 하늘과 땅과 바다 속에 있는 모든 것을 지으시며, 영원히 신의를 지키시며, 억눌린 사람을 위해 공의로 재판하시며, 굶주린 사람에게 먹을 것을 주시며, 감옥에 갇힌 죄수를 석방시켜 주시며 눈먼 사람에게 눈을 뜨게 해주시고, 낮은 곳에 있는 사람을 일으켜 세우시는 분이시다. 주님은 의인을 사랑하시고, 나그네를 지켜 주시고, 고아와 과부를 도와주시지만 악인의 길은 멸망으로 이끄신다. 시온아, 주님께서 영원히 다스리신다! 나의 하느님께서 대대로 다스리신다! 할렐루야. (시편 146:5)

몇 년 전 영국의 교도소 정책에 관한 회의에 참석한 적이 있습니다. 그곳에서 저는 뉴욕에서 온 법학자를 만났습니다. 그는 지역 교도소에서 철학과 법을 가르치는 교실을 오래도록 운영해왔습니다.

수업을 진행한 뒤 얼마 되지 않아 한 수감자는 믿을 수 없다는 투로 "아니 그러니까 법이 진짜로 제 편이라고요?"라고 말했다고, 이는 자신의 눈을 번쩍 뜨게 해준 경험이었다고 법학자는 말했습니다. 수감자는 평생 법을 강제하고 처벌하는 수단으로만 경험해 왔기에, 다른 사람과 똑같이 안전을 보장하는 수단으로서의 법은 상상할 수 없었던 것이지요.

이후 법학자는 수감자들이 법이 '강제 수단'이기만 하다는 생각에서 벗어나 '공정한 규칙'으로서 법을 이해할 수 있도록 돕는 것을 수업의 목표로 삼았다고 말했습니다. 이렇게 법을 이해하면 사회의 목적 역시 모든 사람에게 안전을 제공하는 것임을, 그리고 그 안전을 위협하는 경우에 처벌이 따름을 이해할 수 있습니다.

며칠 전 런던에서 활동하는 한 환경운동가와 대화를 나누며 저는 법학자와의 대화를 떠올렸습니다. 요즘 환경운동가들이 하는 시위를 두고 법을 어기고 있다는 지적이 많이 있기 때문입니다. 하지만 환경운동가와 대화에서 제가 인상 깊었던 점은 그야말로 온전한 의미에서 '법치주의'를 존중했다는 것입니다. 그리고 그는 온전한 법치주의의 실현을 위해 체포되는 일을 마다하지 않았습니다. 그에 따르면 지역 환경단체들의 반대에도 불구하고 환경문제를 완전히 무시한 정책이 결정될 경우 환경뿐만 아니라 법치주의도 훼손됩니다. 이러한 정책은 보통 소수가 누구의 감시도 받지 않고 문을 걸어 잠근 뒤 결정을 내립니다. 이 소수가 소수의 단기적인 이익을 위해 결정을 내리면 장기적으로 대다수 사람과 환경이 파괴될 수 있습니다. 그는 법을 만들고 집행할 때는 이에 따른 여파와 그 책임을 고려해야 하며 질문과 토론에 열려 있어야 한다고 말했습니다. 그래야만 개인, 혹은 특정 집단의 탐욕과 부패로 인해 전체 사회가 위협받는 일을 막을 수 있기 때문입니다.

'멸종저항'Extinction Rebellion을 비롯한 여러 환경단체의 시위 방식을 두고 많은 의견이 있습니다. 그리고 몇몇 중산층 출신 활동가들이 체포된다고 해서 세상이 바뀌지 않는다는 생각이 있다는 것도 압니다. 그러나 최근 일어나는 운동과 시위에 동참하는 이들이 자신의 취향에 따른 무정부주의나 무법상태를 지향하는 것이 아니라 그 반대편에 서 있다는 점은 대단히 중요해 보입니다. 미합중국의 대통령은 이들과 최근 몇 달간 미국 곳곳에서 일어난 시위들을 모두 싸잡아 무정부 상태를 만들고 있다고 몰아붙이는 듯합니다. 분명 시위는 때때로 자기 파괴적인 혼돈과 폭력, 혼란으로 전락합니다. 그러나 최근 시위들의 핵심 요구 사안은 대체로 법을 준수하라는 것입니다.

법 집행기관에서 일하는 이들은 자신들의 행동에 책임이 뒤따름을 늘 기억해야 합니다. 의견이 분분한 파벌싸움에서 특정 편에 서면 안 됩니다. 어떤 명분과 이름을 내세우든, 특정 파벌에 서서 선동에 가담하는 순간 '법치주의'는 물거품이 됩니다. 그렇다고 일부에서 말하듯 '공권력 해체'가 답은 아닙니다. 앞에서 언급한 법학자의 말대로 우리는 공권력의 행사를 좀 더 넓은 차원에서, 공공 자원의 보호라는 측면으로 접근해야 합니다. 과거에 공권력을 신뢰하기 어려운 경험을 했던 이들도 자신들이 사회의 일원으로서 법의 보호와 지원을 받을 수 있다는 신뢰를 갖도록 도와야 합니다. 이는 사회에서 단지 비상사태를 통제할 수 있는 자원과 제도에 투자하는 것뿐만 아니라 청소년, 교육, 가정 지원 등 다양한 분야에 현명하고도 적극적인 투자를 할 필요가 있다는 것을 뜻합니다.

코로나 사태에 직면해 우리가 던져야 할 가장 중요한 질문은 어떻게 해야 이로 인해 발생할 수 있는 비상사태와 위기를 미연에 방지할 수 있느냐는 것입니다. 최근 진행 중인 공공의료 체계를 보호하는 것과 관련된 논쟁은 이와 관련이 있습니다. 모든 사람에게 피해를 미치는 재난을 피하기 위해서는 환자 한 사람 한 사람을 세심히 돌보는 것과 관련된 작은 단위의 정책들을 잘 세워야 합니다.

그리스도인들이 갖기 쉬운, 좋지 않은 습관 중 하나는 법과 복음을 대척점에 놓는 진부한 사고를 되풀이하는 것입니다. 이때 사람들은 흔히 '법'을 자유롭고 자비로운 복음을 거스르는 악으로 여깁니다(이러한 흐름 저변에는 오랜 역사를 지닌 반유대교적 사고가 자리 잡고 있습니다). 그러나 이는 우리 주님과 바울을 잘못 이해한 것입니다. 물론 성서가 말하듯 우리가 규칙을 잘 지켜서 하느님께 잘 보일 수 있다는 생각은 어리석습니다(신약성서뿐만 아니라 구약에도 그런 말은 없습니다). 그러나 하느님께서 이스라엘과 맺은 계약으로, 예수 그리스도의 부활을 통해 받게 된 초대에 응함으로써, 성령의 선물을 받아 탄생한 공동체는 합법성, 질서를 강조하는 공동체입니다. 이 공동체가 합법성과 질서를 강조하는 이유는 나의 안녕이 이웃의 안녕과 서로 뗄 수 없는 관계에 놓여 있음을 알고 있기 때문입니다. 우리 한 사람 한 사람이 결정을 내릴 때는 전체 공동체에 미치는 영향을 충분히 고려해야 합니다.

모세로부터 토라를 받은 이스라엘 민족이 그러했듯 교회는 함께하는 삶이라는 기초 위에 상호책임을 지는 사회입니다. 교회의 주요 목적 중 하나는 자신에게 유익한 것이 이웃에게 유익한 것과 충돌하거나 경쟁 관계에 놓이지 않음을 모든 사람에게 알리는 데 있습니다. 교회는 이웃의 안전을 위해 일하는 것이 자신의 안전과도 직결되어 있음을, 아무리 재산이 많고 지위가 높은 이라 할지라도 법 위에 있을 수는 없음을 알리고 이를 현실화해야 합니다. 영국과 미국에서 '법과 질서'에 관한 험악한 논쟁이 벌어지고 있는 이 시점에서 교회는 법이란 정직하고 열린 사회를 이루는 조건임을 깨닫도록, 그 바탕 위에 모든 논의가 이루어지도록 대화를 이끌어야 합니다. 그리하여 구성원 모두가 이웃의 안전을 헤아릴 수 있는 사회, 누구의 발언도 소외시키지 않는 사회, 법이 모든 이의 편에 서는 사회로 한 걸음 내디디게 해야 합니다.

흔들리고, 우왕좌왕하면서 파편화된 '나'의 조각들을
하나로 모으려 애쓰고 기도할 때 불현듯 우리는
주님께서 그 모든 순간 나와 함께하심을 깨닫습니다.

25

과거와 현재

예수 그리스도께서는 어제나 오늘이나 영원히 한결같은 분이십니다. (히브 13,8)

저희 가족은 요새 웨일스로 이사할 준비를 하느라 분주합니다. 매일 매일 무언가(가구, 사진첩, 책)를 정리해야 하는 일이 도전 과제처럼 주어집니다. 특히 어린 시절부터 소중히 간직한 책들을 떠나보내기란 여간 힘든 일이 아닙니다. 하지만 저희가 이사할 집은 지금 사는 집보다 훨씬 작기에 집 전체를 책장으로 덮지 않는 이상 꼭 해야 하겠지요. 어떤 때는 오래 간직한 물건들을 떠나보내는 일이 마치 저의 소중한 일부, 이야기를 읽던 어린 시절의 나, 사진을 즐겨 꺼내 보던 나 자신을 떼어내는 것 같은 느낌이 들기도 합니다.

한편 내년에 열릴 전시회 기획도 준비하고 있습니다. 이 전시회의 주제는 난민들이 만든 예술 작품인데, 작품 중에는 (우연의 일치겠지만) 난민들이 전쟁이나 다른 어려운 상황 탓에 살던 곳을 떠나며 버리고 온 물건들, 도저히 놔두고 올 수 없어서 갖고 온 물건들을 다룬 경우가 많습니다. 최근 며칠간 겪은 사소한 경험은 그들이 겪었을 참담한 경험, 정말 아끼는 무언가를 잃는 경험을 아주 조금이나마 더듬어 볼 수 있게 해주었습니다. 끔찍한 고통을 피해 산과 바다를 건넌 이들은 아주 깊은 상처를 입습니다. 그래서 누군가가 어떤 물건(장난감일 수도, 수놓은 천일 수도, 오랫동안 사용한 집기일 수도, 창문 밖 풍경을 담은 사진일 수도 있습니다)을 버려야겠다고, 혹은 가져가야겠다고 결정했을 때 그가 느꼈을 감정과 생각을 헤아려 보는 일은 대단히 중요합니다.

비단 물건뿐만이 아닙니다. 난민들은 집을 떠나며 자신의 언어와 이야기, 음악, 고향에서 만든 공예품을 가지고 갑니다. 이를 통해 우리는 우리의 정체성이 우리가 속한 장소, 우리와 함께하는 사람들과 긴밀한 관계를 맺고 있음을 알 수 있습니다. 그 모든 것이 우리가 인간이, 그중에서도 특정한 인간이 되는 데 영향을 미칩니다. '나'의 정체성은 나 홀로 손질해서 완성할 수 없습니다. 내 안에는 지금까지 내가 겪은 모든 행동, 과정, 인상이 녹아 있습니다. 그 모든 것이 합류하여 현재 '나'가 이루어지며 지금도 그 모든 것은 내 안에 흐르고 있습니다. 미국의 위대한 작가 윌리엄 포크너William Faulkner의 말을 빌리자면 "과거는 죽지 않습니다. 심지어 과거에 매이지도 않습니다".

지금 여기서 걷고 있는 '나', 즉 일하고, 글을 쓰고, 말하고 심지어 잠자는 '나'는 잘 닦인 길을 반듯하게 일정한 속도로 걸어가는, 그렇게 말끔히 정의할 수 있는 균일하고 균질한 개인이 아닙니다. 차라리 '나'는 과거의 기억과 경험이 이렇게 저렇게 얽힌 집합체입니다. 누구든 한 번쯤 숨죽이고 있던 기억이 한순간 되살아나는 경험, 그래서 묻어둔 나, 혹은 과거의 나가 되살아나는 듯한 경험을 한 적이 있을 것입니다. 떠올리고 싶지 않은 아픈 기억, 끔찍하게 고통스러운 기억(학대의 기억, 폭력에 노출된 기억)이 일어날 때도 있고 기쁨과 희망의 기억이 일어날 때도 있습니다. 우리가 인식하든 못하든, 과거의 나 자신, 과거의 다양한 내 모습들은 현재의 나와 함께 살아가고 있습니다. 어떤 모습을 두고 '그건 이제 내 지난 모습이야'라고 여기다가도, 어느 순간, 어떤 일을 마주하면 다시금 유년기의 나, 청년기의 나와 똑같이 반응하는 나를 발견합니다. 어떤 때는 심지어 유아기의 나로 돌아가 반응할 때도 있습니다. 과거는 끝나지 않습니다. 과거는 과거에 매이지 않습니다.

믿음의 공동체가 과거를 그저 과거로 치부하지 않는 이유도 바로 이 때문입니다. 우리는 성서 이야기를 듣고 또 듣습니다. 성서 이야기들은 지나간 이야기로 남지 않고 새로운 상황에서 다시금 살아 있는 이야기로 펼쳐집니다. 성서는 그런 살아 있는 이야기로 가득 차 있습니다. 이를테면 호세아 예언자는 오늘날 사람들에게 그들 역시 이집트에서 탈출한 이후 방향을 잃고 광야를 떠도는 이들처럼 살고 있는 것은 아닌지 반문합니다. 그리고 광야를 떠도는 이들의 이야기를 통해 자기 자신을 깨닫고, 그리하여 그러한 가운데 자신을 향해 건네는 하느님의 말씀에 귀 기울여야 한다고 말합니다.

복음서 이야기 또한 과거 이스라엘이라는 다른 시대와 다른 상황에서 활동하는 예수를 통해 우리가 지금 여기서 하느님의 사랑과 마주하게 합니다. 우리는 때로는 사랑으로, 때로는 혼란으로 이에 응답합니다. 그리고 성찬을 나누며 우리는 서로 다른 두 기억(예수를 배신하는 제자들에 관한 기억, 그들을 위해 아낌없이 자기 자신을 하늘의 양식으로 내어주는 예수에 관한 기억)을 되살립니다. 이 과거는 결코 과거가 아닙니다. 과거에 대한 기억은 결코 과거에 머무르지 않습니다.

여기서 중요한 점은 호세아의 설교를 통해, 예수의 고통과 죽음을 통해 과거가 극적인 방식으로 되살아난다고 해서 그때부터 지금까지 일어난 다른 모든 일이 무의미해지지 않는다는 것입니다. 과거의 기억이 되살아난다는 것은 T.S. 엘리엇T.S.Eliot의 표현을 빌리면 "종을 거꾸로 치는 것"이 아닙니다. 과거의 기억이 되살아난다고 해서, 과거를 기억한다고 해서 우리는 이전의 자리로 되돌아가지 않습니다. 오히려 과거를 기억하는 것은 우리 안의 구석진 곳, 외진 곳에 빛이 들게 하는 것, 그리하여 우리의 정체성이 새로운 빛을 받는 것입니다. 과거를 기억할 때 우리는 그 기억을 좀 더 넓은 지평에서 바라볼 수 있습니다. 우리는 더 배웠고, 성장했기 때문입니다. 그렇기에 과거는 결코 끝나지 않지만, 과거가 전부는 아닙니다.

그러므로 과거로부터 물려받은 것에 집착하는 태도는 그리 좋은 태도가 아닙니다. 우리는 새로운 풍경을 보고 이 새로운 환경에서 과거의 기억을 새롭게 보아야 합니다. 교회의 구성원으로서 우리는 양극단 사이에서 균형을 유지하며 걸어야 합니다. 한 극단에는 바쁘게 돌아가는 사회, 늘 새로운 유행을 좇는 시류에 휩쓸려 공동체의 기억과 전통이 무엇을 말하고 있는지 전혀 신경 쓰지 않는 기억상실증이 있습니다. 다른 한 극단에는 자신이 생각하는 과거의 한 단면을 이상화하는 완고한 전통주의가 있습니다. 둘 다 똑같이 해로운 태도입니다. 둘 다 현재를 더 깊게 이해하기 위해 '과거의 우리 자신'을 끌어안아야 하는 창조적 과제, 도전을 거부합니다. 부활초 축복식에서 우리는 고백합니다.

그리스도께서는 어제도 오늘도 계십니다.

모든 순간, 모든 시대가 그분께 속합니다. 그분은 여전히, 언제까지나 우리와 함께하십니다. 우리가 정직하게, 그리고 희망을 담아 주님을 기억할 때, 그분은 과거의 나와도 함께 하셨으며, 현재의 나, 여전히 살아 있는 과거의 나와도 함께하시며 그 모두를 새롭게 빚어내고 계심을 우리는 발견할 수 있습니다. 흔들리고, 우왕좌왕하면서 파편화된 '나'의 조각들을 하나로 모으려 애쓰고 기도할 때 불현듯 우리는 주님께서 그 모든 순간 나와 함께하심을 깨닫습니다. 그리고 엿봅니다. 마지막 때 그리스도께서 나의 모든 면을 온전히 그대로 당신 품에 안아주시는 모습을. 그리하여 과거의 모든 나와 현재의 내가 하나 되게 하시고 그런 나와 하나를 이루시는 모습을.

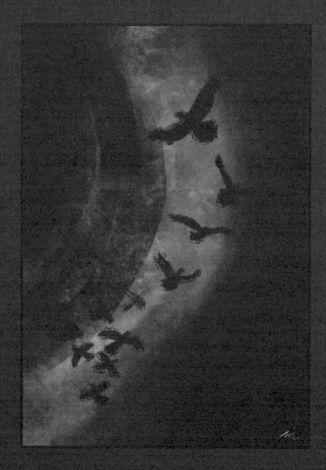

무리를 이루는 각 새는 각기 다른 속도로 날면서도
같은 곳을 향해 대열을 이루며 함께 날아갑니다.
어떻게 이런 일이 일어날 수 있는지 정확하게 알 수는 없지만,
아무런 생각 없는 획일성이 아님은 분명합니다.

26

집단 정신

지체는 여럿이지만, 몸은 하나입니다. 그러므로 눈이 손에게 말하기를 "너는 내게 쓸 데가 없다" 할 수가 없고, 머리가 발에게 말하기를 "너는 내게 쓸 데가 없다" 할 수 없습니다. ... 하느님께서는 몸을 골고루 짜 맞추셔서 모자라는 지체에게 더 풍성한 명예를 주셨습니다. 그래서 몸에 분열이 생기지 않게 하시고, 지체들이 서로 같이 걱정하게 하셨습니다. 한 지체가 고통을 당하면, 모든 지체가 함께 고통을 당합니다. 한 지체가 영광을 받으면, 모든 지체가 함께 기뻐합니다. (1고린 12.20-26)

얼마 전 도널드 트럼프 대통령은 말의 새로운 용례를 제시했습니다. 코로나 사태는 '집단 정신(혹은 집단 심리, 군중 심리)'herd mentality으로 극복할 수 있다며 자신감을 내비쳤지요. 물론 그가 실제로 무슨 말을 하려 했는지 짐작하기란 어렵지 않습니다. 물론, 경험 많은 공직자도 '집단 면역'herd immunity이라는 말이 정확히 무슨 의미인지 설명하기 어려워할 수 있습니다.

하지만, '집단 심리'herd mentality는 다분히 부정적인 표현입니다. 스스로 생각하지 않고 집단에, 군중에 휘말리는 이들을 우리는 경멸합니다. 그런 이들을 영미권에서는 나그네쥐lemming 같다고 말합니다(나그네쥐에게 대단히 불공평한 표현입니다). 우리는 집단, 혹은 군중에 맞서 자신의 길을 개척하는 이들, 자신의 신념에 따라 움직이는 이들을 선망합니다. 집단, 군중은 게으르고 어리석어서 개인은 이에 저항해야 한다고 생각합니다. 그러한 생각이 주류인 현대 사회의 또 다른 특징이 획일적인 잣대, 대규모 감시, 대규모 마케팅이라는 점은 아이러니합니다. 현대 사회에서는 모든 정보를 알고리즘으로 수치화할 수 있다는 믿음이 득세하며 개인과 관련해서는 오직 그 개인이 어떠한 집단에 속하는지만을 따지고, 사회 관계망 서비스들은 타인과의 소통을 활발하게 해주기는커녕 점점 더 폐쇄적인 파벌들만을 양산하고 있습니다. 대담한 개인으로 살아가든지, 아니면 어리석은 군중의 일부가 되든지, 세상에는 두 가지 선택지만이 존재한다는 시각이 우리 생각에 깊이 뿌리내리고 있습니다. 신앙인이라면 이에 대해 근본적인 질문을 던져야 합니다.

얼마 전 오후, 집 앞 뜰에서 친구와 대화를 하던 중 우연히 하늘을 나는 기러기 떼를 본 적이 있습니다. 기러기 떼는 아름답고도 자연스럽게, 기하학적인 대형을 이루며 날고 있었습니다. 철에 따라 이동하는 철새 무리는 대형을 유지하면서도 그 구조를 자유롭게 바꾸며 날아갑니다. 때로는 원형을, 때로는 나선형을 이루며, 상승과 하강을 오가며, 천이 바람에 휘날리듯, 강물이 바위를 굽이쳐 흐르듯 날아가는 모습은 실로 경이로웠습니다. 기러기 떼를 보며 저는 문득 생각했습니다. '저 모습을 집단 심리라 할 수 있을까? 그렇다면 우리는 이 말에 대해 다시 생각해 볼 수 있지 않을까?'

동물과 새들이 이루는 무리를 보면 그들이 그들 나름의 규칙을 아무 생각 없이, 어리석게 따르지 않음을 알 수 있습니다. 무리를 이루어 함께하는 삶은 깊은 차원에서 나누고 있는 어떤 공동 지성을 반영하는 것처럼 보입니다. 기러기 같은 철새 무리의 비행을 보면 그러한 지성은 각 상황에 맞게 비행 대열을 조정할 수 있게 해줍니다. 그래서 무리를 이루는 각 새는 각기 다른 속도로 날면서도 같은 곳을 향해 대열을 이루며 함께 날아갑니다. 어떻게 이런 일이 일어날 수 있는지 정확하게 알 수는 없지만, 아무런 생각 없는 획일성이 아님은 분명합니다.

분명, 집단을 위해 개인의 자유와 이성을 희생하기를 강요하는 모든 시도에 우리는 저항해야 합니다. 광고, 방송, 패션, 정치 선동 등 획일적인 사고와 획일적인 모습, 목소리를 조장하는 흐름이라면 무엇이든 우리는 우리가 생각한 것보다 더 강하게 저항해야 할 필요가 있습니다. 그 모든 것은 우리 인간만이 지닐 수 있는 독특한 무언가를 인간보다 훨씬 더 열등한 것, 비인간적인 것에 헌납하게 만들기 때문입니다. 그렇지만 그 대안이 자기만을 챙기는 개인주의일 필요는 없습니다. 축구팀을 생각해 보십시오. 성가대를 생각해 보십시오. 날아가는 철새 무리와 같은 모습을 인간 사회도 구현할 수 있다면 어떨까요? 무리를 이루며 날아가는 철새들은 서로의 움직임을 주시하며 자신의 비행을 서로 섬세하게 조정합니다. 어떻게 해서든 이 무리의 집단 지성은 장거리 비행이라는 무거운 짐을 구성원들이 분담케 하는 가운데 조화와 아름다움을 빚어냅니다.

스코틀랜드의 아이오나 공동체가 자신들이 지향하는 모습을 함께 날아가는 새들로 표현한다는 것은 널리 알려진 사실입니다. 아이오나 공동체에서 운영하는 출판사 이름이 '기러기 떼 출판사'Wild Goose Publications이기도 하지요. 공동체의 설립자인 조지 맥레오드George MacLeod는 리더십을 나누는 모습의 좋은 예로 날아가는 기러기 떼가 돌아가면서 위치를 바꾸는 모습을 자주 들곤 했습니다. 그는 교회도 단 하나의, 획일적인 위계질서나 규범적인 예배를 완고하게 고집할 것이 아니라 계절에 따라, 각기 상황과 필요에 따라 적합한 이가 구성원들을 이끌 수 있는 방식을 고민해야 한다고 말했습니다. 함께 움직인다는 것은 군대처럼 움직이는 것이 아니라 날아가는 새 무리처럼 거룩한 지성을 나누며, 기꺼이 서로에게 관심을 기울이는 가운데 필요에 따라 서로의 자리를 내어주며 함께 나아가는 것을 뜻합니다.

이러한 공동체적 삶은 획일적인 삶을 강요하는 것이 아닌, 서로를 향한 세심한, 사랑에 바탕을 둔 관심으로 이루어집니다. 공동체를 이루는 가운데 사람들은 서로의 주변을 맴돌며 서로에게 맞추어 함께 나아갑니다. 그때 우리는 우리 인간만이 지닐 수 있는 독특한 무언가를 인간보다 훨씬 더 열등한 것, 비인간적인 것에 헌납하지 않은 채 더 높은 차원에서 이해하고 행동할 수 있습니다. 그리스도의 몸이라는 공동체에서, 사랑과 지성이라는 성령의 선물을 받아 우리는 '개인'individual에서 '인격체'person로 변모합니다. 이 공동체에서 서로를 향한 깊은 이해와 관심을 나누는 가운데 우리는 더욱 인간다운 인간, 더욱 우리다운 우리가 됩니다.

아무런 성찰 없이 집단 심리에 굴복하는 것이 어리석은 일이며 죄라면, 반대로 '나'라는 개인의 의지를 관철하는 것만을 답으로 여기는 것 또한 어리석은 일이며 죄입니다. "나는 내 식대로 살았어"라고 노래하는 《마이 웨이》My Way는 노래방이나 장례식장에서 인기 있을지언정 삶의 철학으로는 한계가 있습니다. 그리스도의 성령이 주는 선물을 받아 서로에게서 함께 걸어갈 가능성과 단서를 보게 될 때, 서로의 움직임에 관심을 기울이게 될 때 우리는 치유 받을 수 있습니다. 거룩해질 수 있습니다.

  (제가 이렇게 쓸 줄은 몰랐습니다만) 어떤 의미에서 도널드 트럼프 대통령은 옳았는지도 모르겠습니다. 진실로 '집단 정신'herd mentality, 즉 우리가 서로 함께 지성을 나누고 서로를 격려하며 서로를 위해 행동할 때 우리의 병은 치유될 수 있습니다. 그러므로 우리는 물어야 합니다. '어떻게 해야 우리 인간 공동체, 우리 그리스도교 공동체는 함께 자유로이 생각하는 법을 배우고 또 함께 행동할 수 있을까?' 기회가 될 때 눈을 들어 남쪽 하늘로 날아가는 철새 무리를 보시는 게 어떨까요. 하나의 단서를 얻을 수 있을지도 모르니까요.

나가며

여름도 지나고 추수도 끝났건만 우리는 이제 살아나갈 길이 없습니다. (예레 8:20)

예레미야의 저 침울한 말은 오늘날 상황을 가혹할 정도로 정확히 드러냅니다. 이 위기가 얼마나 계속될지 우리는 알지 못합니다. 얼마나 많은 생명이 희생될지, 얼마나 많은 이가 일자리를 잃을지, 육체적 건강을, 정신적, 영적 건강을 잃을지 알지 못합니다. 우리는 모두(그리고 어떤 이들은 더욱 심각하게) 코로나 사태의 영향을 받고 있습니다.

흥분한 비평가들은 정부를 비난하는 데 열을 올립니다. 물론, 정부의 과장된 주장과 느릿하면서도 확신 없는 대처에 우리는 마땅히

책임을 물어야 합니다. 그러나 이는 쉬운 일입니다. 정말로 어려운 문제는 코로나 사태가 일으킨, 그 누구도 예측하지 못한 물리적 충격에 대처하는 것뿐만 아니라 우리 모두를 휩쓸어버린 정신적 충격에 대처하는 것입니다. 좀 더 통찰력 있는 비평가들은 코로나 사태가 이 사회에 던진 가장 커다란 질문은 지난 수십 년간 상대적으로 부유한 개인과 집단, 혹은 국가의 삶을 보장했던 안전망을 그대로 유지하는 것이 좋으냐는 것이라고 지적합니다. 우리가 우리의 환경을 꾸준히 '길들일' 수 있다는 서사를 근본적으로 다시 생각해 볼 때가 왔다는 것이지요.

물론, 인류 대다수는 그런 사치를 누리지 못했습니다. 코로나 사태를 통해 우리는 이 불확실함이 만든 새롭고도 불편한 연대에 주목해야 합니다. 영국 신학자 앤드루 쉥크스Andrew Shanks는 '흔들리는 이들의 연대'the solidarity of the shaken에 관하여 여러 글을 쓴 바 있습니다. 그는 우리 모두 공동의 한계, 연약함, 취약함을 깨달을 때 참된 공동체가 일어날 수 있다고 이야기했습니다. 오늘날 신앙의 공동체가 고민해야 할 지점도 여기에 있다고 저는 생각합니다. 그리스도교 복음은 우리가 언제나 공동의 실패로, 공동의 연약함, 취약함, 공동의 불안으로 엮여 있다고 반복해 이야기합니다. 그리고 우리가 서로를 향해 마음을 열 때, 자기, 상대의 실패와 연약함, 취약함을 부정하지 않을 때 비로소 실패를 딛고 일어설 수 있다고 이야기합니다. 또한, 복음은 하느님께서 예수와 성령을 통해 우리 마음을 닫은 문을 부수어 여신다고 선포합니다. 신앙은 우리 모두의 연약함, 취약함을 부정하지 않습니다. 거기서 비롯되는 고통과 대가를 축소하거나 포장하지 않습니다. 신앙은 오히려 우리의 공통된 연약함과 취약함을 정직하게 바라보는 길, 사랑의 시선으로 바라보는 길로 우리를 초대합니다. 두려움에 남을 짓밟고서라도 나의 안전을 확보하려는 시도를 멈추고 우리는 모두 서로가 필요함을, 내 이웃의 안전, 안녕이 곧 내 삶의 안전, 안녕과 직결된 문제임을 깨달을 것을 요구합니다.

신뢰하십시오. 우리는 상대를 파괴하지 않고서도, 나를 파괴하지 않고서도 진실을, 진리를 마주할 수 있습니다. 희망하십시오. 지금 우리를 옥죄는 위기는 인간으로서 우리가 지닌 가능성을 파괴할 수 없습니다. 사랑하십시오. 우리는 우리가 살아가는 이 세계 모든 생명의 안녕을 위해 새롭게 뜻을 모을 수 있습니다.

이것이 지금 우리가 살아가는 세계의 참된 모습, 우리가 우리와 함께 살아가고 있는 이들과 함께 빚어내야 할 세계의 모습입니다. 대역병의 그림자에서 벗어나기 시작할 때, 그리스도인으로서 우리 자신에게 물어야 할 가장 중요한 질문은 이것입니다. 이 사태를 통해 우리는 과연 무엇을 배웠습니까? 그리스도인이라면 이 질문을 촉진하고 스스로 답할 준비가 되어있어야 합니다.

아마도 우리는 얼마나 서로에게 의존하고 있는지를 더 잘 알게 될 것입니다. 우리가 살아가는 이 세계를 우리는 결코 완전히 우리 입맛에 맞게 길들일 수 없음을, 그 세계에서 살아가는 것의 한계와 위험을 받아들여야 함을 배우게 될 것입니다. 어쩌면 우리는 좀 더 이웃을 보게 될지도 모릅니다. 이 사회에서 가장 위험에 노출된 이웃, 이 사회뿐만 아니라 다른 곳에 있는 이웃, 우리가 당연시하는 안전망을 한 번도 누리지 못했던 이웃, 우리가 지금 몸서리치게 겪고 있는 외로움과 좌절감을 훨씬 더 오랜 시간 겪으며 살아온 이웃, 일자리를 잃은 이웃, 여러 정신적 질병과 우울증을 견디며 살아온 이웃, 정서적, 물리적 학대를 일삼는 가족 혹은 배우자와 함께 살아온 이웃, 바이러스와의 싸움에 목숨을 바친 의료계 종사자들, 여러 문제로 치료 시기를 놓쳐 안타깝게 목숨을 잃은 이웃, 혹은 사랑하는 이들을 떠나보낸 이웃, 그 수많은 이웃이 비로소 우리 눈에 들어오게 될지 모릅니다.

궁극적으로 우리가 마주한 질문은 한 사회를 이루며 살아가는 구성원으로서 강제된 이 연대를 통해 얼마나 성장하느냐는 것입니다. 지금도 여전히 구체적인 해결책은 보이지 않습니다. 하지만 이 책 첫 번째 묵상에서 나눈 이야기로 돌아가 봅시다. 변화는 이미 시작되었습니다. 우리가 바라며 고민하는 그 세계는 이미 시작되었습니다. 기쁨과 나눔, 환대 가운데 함께 살아가고자 하는 열망을 일으키는 새로운 힘이 이미, 그 역사役事가 지금 여기서 역동하고 있기 때문입니다.

기도합시다. 그 힘이 역동하기를. 그리고 살아갑시다. 그 역사는
이미 시작되었기에.

2020년 1월 23일 첫 확진자가 확인된 이후 현재까지 영국에서는 약 12만 8천 명이 코로나바이러스로 인해 세상을 떠났습니다. 유럽 대륙을 통틀어 가장 높은 사망률입니다. 유럽연합 전체에 걸쳐서는 69만 2천 명이 목숨을 잃었습니다. 열두 달 남짓한 기간 동안 약 82만 명이 생명을 잃은 것입니다. 6년에 걸친 2차 세계대전 기간 영국의 민간인 사망자 수가 7만 명이었던 것을 생각하면, 지난 열두 달 동안 영국인들과 유럽인들이 받은 충격을 짐작할 수 있을 것입니다. 코로나바이러스가 직접적인 사인이 아니더라도, 코로나 사태가 불러일으킨 충격으로 목숨을 잃은 이들까지 생각하면 그 수는 100만을 넘으리라는 추측이 지배적입니다.

얼마 전 런던 템스강변에는 코로나 사태로 세상을 떠난 이들을 기념하는 기억의 벽이 생겼습니다. 영국 국회의사당 맞은 편, 성 도마 병원 바로 앞에 이미 자리하고 있던 오래되고 낡은 '평범한 외벽'이 코로나로 생명을 잃은 이들의 이름을 담은 하트들이 새겨지기 시작하면서 '기억의 벽'으로 '변모'한 것입니다. 하나하나 손수 그린 하트에는 한 사람 한 사람의 이름이 담겨 있습니다. 그렇게 새겨진 하트가 10만 개가 넘습니다. 최근 여러 종교지도자들과 함께 이 벽을 방문한 저스틴 웰비 캔터베리 대주교는 말했습니다.

"이 벽을 보고 감동했다거나 영감을 얻었다는 말조차 꺼내기가 어렵습니다. 이 하트 하나하나가 이 세상에 하나뿐인 소중한 생명입니다. 이 하트 하나하나에 그들을 향한 사랑과 헌신, 그리고 희생이 담겨 있습니다."

인간이 거대한 자연의 힘과 같은 불가항력적인 힘 앞에서 보이는 반응은 여러 가지일 것입니다. 그리고 그 응답하는 방식은 그 사람의 처지, 가치관과 신앙, 그리고 환경에 따라 다를 것입니다. 『어둠 속의 촛불들』은 위기의 시대에 로완 윌리엄스라는 한 신앙인이자 사목자가 같은 위기를 함께 겪고 있는 주변 사람들과 내놓은 응답을 담고 있습니다. 그 응답 속에서 우리는 로완 윌리엄스라는 한 신앙인이자 사목자가 중요하게 여기는 가치는 무엇인지, 그가 하루하루를 어떤 자세로 살아가고자 하는지를 엿볼 수 있습니다. 그를 통하여 같은 그리스도인이자 신앙인으로서, 이 공통의 세상을 살아가는 동료 구성원으로서 우리는 어떤 가치를 가지고 어떤 자세로 이 위기의 시대를 살아가고 있는지 되돌아볼 수 있을 것입니다.

제 모습을 되돌아보면, 지난 한 해뿐만이 아니라 이런저런 어려움이 있을 때마다 혼자 고민에 빠지거나 여러 걱정으로 불안해하던 때가 많았습니다. 누군가 내 사정을 헤아려 주기를 바랐던 적도 있습니다. 저 자신의 처지와 경험 그리고 어려움에만 골몰하고 있었던 것입니다. 로완 윌리엄스는 반복해서, 그 "익애의 시선"에서 눈을 돌려 내 곁에, 내 앞에, 내 주변에 있는 이웃들과 그들의 경험에 눈을 돌리는 것이 신앙의 도전임을 말합니다. 그렇게 나를 둘러싼 세계, 나를 둘러싼 동료 인간의 경험에 비추어 나의 경험을 바라볼 때, 비로소 나의 경험도 유의미해질 수 있으며, 나와는 전혀 다른 존재인 하느님께서 어떻게 작고 유한한 나의 겪음마저도, 당신이 역사하시는 통로로 삼으시는지를 볼 수 있다고 말합니다.

수많은 고통과 죽음 앞에서 그리스도교 신앙은 우리에게 명쾌한 해답을 주지 않습니다. 그저 그 안에서도 의미를 찾은 이들, 희망을 발견한 이들, 그 의미와 희망을 신뢰하며 살아갔던 그리고 여전히 살아가고 있는 이들이 있음을 묵묵히 증언할 뿐입니다. 그리스도교가 전하는 부활 이야기는 그런 그들의 삶이 죽음으로 소멸되지 않음을, 그들이 이 세상에서 힘쓴 모든 일들, 그들이 쌓은 사랑과 우정, 신뢰의 관계들은 그저 우연히 일시적으로 있다가 죽음과 함께 사그라지는 것이 아니라, 그보다 더 큰, 영원하신 하느님의 사랑과 우정, 신뢰의 고리의 한 부분으로 자리하고 있음을 말합니다.

그리스도인이 삶 너머의 삶을 말하는 이유는 어쩌면, 이 세계가

의미를 가지고 존재하도록 하는 삶, 인간 세계가 지닌 나약함과 어리석음, 오만함과 잔인함을 감싸 안으며, 그 모든 것의 귀결인 죽음마저도 극복한 삶, 그 어떤 인간의 반역으로도 사그라들지 않으며 또다시 세계에 새로운 생명과 희망을 가져오는 그 무한한 삶과 나의 유한한 삶 사이에 어떤 연결점이 있다고 믿기 때문일 것입니다. 신앙이 주는 위로란, 내가 그리고 남들이 나 자신의 삶에 부여하는 가치와 평가와는 무관하게, 그 무한한 삶에 내가 참여할 수 있는 가능성이 언제나 열려 있으며, 더 나아가 이미 참여하고 있음을 신뢰하는 데서 오는 것인지도 모릅니다.

따라서 그리스도인이 자신의 삶을 통하여 궁극적으로 고백하는 말은 회개와 감사 그리고 찬미입니다. 회심을 거친 그리스도인은 자신의 나약함과 부족함을 인정하는 가운데, 그마저도 자신의 은총의 통로로 삼으시는 하느님을 신뢰하며 그저 나아갑니다. 그리고 마지막에 그리스도의 품에 그저 안깁니다. 그리스도께서 마지막 순간에 하느님께 자신의 영혼을 맡기셨듯.

그 이후에 일어나는 일은 하느님께 속한 영역입니다. 다만 우리의 일은 지금, 여기 우리 앞에 놓인 이 길을 완주하는 것. 우리 곁에서, 자신에게 주어진 길을 완주할 때까지 묵묵히 걸어가는 것이 무엇인지를 몸소 보여주는 사도 바울과 같은 분들께 감사하며, 그분들과 함께, 그분들을 신뢰하며, 우리에게 주어진 길을 마티아처럼 "묵묵히, 함께 견디며" 걸어가는 것이라 생각합니다. 그때, 우리가 이 길에 서기 전부터 현재까지 그 모든 과정에 하느님께서도 "묵묵히 견디며" 우리와 함께 계셨으며, 지금도 함께 하고 계심을 확신하게 될 것입니다. 고요하게 곁에서 그 확신의 빛을 자신의 삶으로 비추어주고 계시는 사도 바울과 마티아 같은 분들께 감사할 따름입니다.

2021년 5월

성령강림대축일

김병준

어둠 속의 촛불들
— 코로나 시대의 신앙, 희망, 그리고 사랑

초판 발행 | 2021년 6월 4일

지은이 | 로완 윌리엄스
옮긴이 | 김병준

발행처 | 비아
발행인 | 이길호
편집인 | 김경문
편 집 | 민경찬
검 토 | 박혜은·양지우·장민혁·최혜영·황윤하
제 작 | 김진식·김진현·이난영
재 무 | 이남구
마케팅 | 양지우
디자인 | 민경찬·손승우

출판등록 | 2020년 7월 14일 제2020-000187호
주 소 | 서울시 강남구 봉은사로 442 75th Avenue 빌딩 7층
주문전화 | 010-7585-1274
팩 스 | 02-395-0251
이메일 | innuender@gmail.com

ISBN | 979-11-91239-16-4 03230
저작권 ⓒ 2021 ㈜타임교육C&P